villa aida
自然から発想する料理

和歌山風味
The Flavour Menu

【呼吸】

私たちは季節の移ろいを身に受ける幸せの中で暮らし、
旬の素材は自然と身体が求めるようになっていて、
丁寧な食事は身体を健康にします。
自家農園の野菜を中心に近隣の魚介、家禽を合わせ
日本の伝統を大切にしながらも、旅をして得た経験や味覚を取り入れ
自然で食べて健康になる料理をご用意しました。

小林寛司

農園レストランができるまで

| 実家の田んぼに建てた店

故郷の和歌山県岩出市にアイーダを開いて、今年（2019年）で21年目になります。岩出は東京から3時間30分、大阪から1時間半ほどかかる、人口5万人ほどの町です。

東京や大阪で店を開くつもりは、最初からありませんでした。イタリア修業中、ミラノやナポリなどの大都市から1時間以上かかる田園地帯に星付きのレストランがいくつもあって、お客さんがわざわざ訪れる様子を見て、そういう店にあこがれてい

ましたから。

帰国して独立しよう思った時、理想としたのはハーブ菜園のあるレストランです。でも、なかなかそういうところは見つかりません。ゆくゆくは生まれた場所に戻って店を持ちたいと思っていたので、実家の田んぼの真ん中に店を建てることにしました。

当時、僕は25歳で、イタリア産の食材を使って、本場の味を再現しようと意気込んでいました。ところが開業当初の"物めずらしさ景気"がすぎると徐々にお客さんが減り、僕も自分自身の料理を見失ってしまって。苦しい時期が何年も続きました。

そんな中、和歌山の食材に目を向けて、この場所ならではの料理を作ろうと吹っ切れたことで店が軌道にのり始めました。以来、畑を広げ、客室や住居部分を増築して店名も「リストランテ アイーダ」から「ヴィラ アイーダ」にあらためて、料理と野菜作りに専念できる環境を整えていきました。

今は、僕と相方（妻の有巳さん）の他に若いスタッフ1人の3人体制で、150種くらいの野菜やハーブを育てています。毎朝8時頃に畑に出てその日使う野菜を収穫して、洗って、大きさが揃うよう

に仕分けして。使いきれない野菜を保存用に干したり、果実酒を仕込んだりといった加工作業もありますし、営業の合間に畑に出て足りない野菜を補充して、ついでに草をむしったり。以前はご予約いただいた時間になっても仕込みが終わらないなんてことはほぼ毎日で、これじゃいけないと定期的に営業を休み、畑と仕込みのための日を設けるようにしました。

| 都会のゲストをターゲットに

「こんな田舎でどうやって店を続けてきたの?」と聞かれます。僕が選んだ道は、ターゲットを都会からのお客さまに絞り、どんな料理が受け入れられるかを考え抜くことでした。使うのがごくありふれた野菜であっても、ここでしか食べられない鮮度、サイズ、調理法、味を追求してきました。

そして、変化し続けてきたこと。自分で野菜を育て、日々の畑仕事や自然の変化からインスピレーションを得て料理を作る、というスタイルを守りながらも、その時々で世の中の流行を意識して取り入れてきたつもりです。

現在、料理界では20代、30代のシェフが新しい技術やすばらしい感性を持っていてすごいなと思います。それに比べると自分は少し歳をとったな、と。でも年を経ることで料理が昔よりも自由で深くなり、いい熟成をしてきたと感じます。焼いただけの野菜を「おいしいから食べて!」とお出しするような大胆さはなくなった一方で、味や香りを重ねて、素材の新たな一面を引き出せるようになってきました。

開業から21年が経ち、思い描いていた「ここでしか食べられない料理」の姿が見えてきたところです。

Contents

撮影＝高見尊裕、デザイン＝纐纈友洋、編集＝丸田 祐

コラム／COLUMN

［本書を使う前に］

● レシピについて

加熱時間、漬け込み時間、分量は目安です。素材の状態や好みの
仕上がりに合わせて調整してください。

● オリーブオイルはすべてエクストラ・ヴァージン・オイルを用いています。
用途や季節に合わせて好みのオイルを使用してください。
—

小林氏が本書で使用しているのは以下の3種です。
・PIANOGRILLO, PARTICELLA 34（シチリア産）
・FRANTOIO GALIOTO, Castel Di Lego Biancolilla（シチリア産）
・COLONNA, GRANVERDE（モリーゼ産レモンオイル）

● パスタ用の00粉、セモリナ粉はMULINO MARINO社（ピエモンテ
産）の製品を使用しています。

● 基本となるブロードやソース、パスタ生地のレシピはP. 222-223に
「補足レシピ」として掲載しました。

● 機材について
「パコジェット」は冷凍した食材を微細に粉砕加工する機器で、ごくな
めらかなピュレやアイスクリームを作るのに向きます。
—

「サーモミックス」は素材の加熱と粉砕／撹拌を同時に行なうことがで
きる機器です。

本書は、『月刊 専門料理』2018年1月号〜12月号にて連載した「農
園より villa aida の12ヵ月」をベースに、新たに料理90品を追加し、
大幅に加筆したものです。

新緑

アイーダの庭にはさまざまな木々が植えてあります。3月には
ミモザが咲き、4月から5月にかけて垣根のトキワマンサク、
アーモンド、ハナミズキが順に花を咲かせます。

庭の木々が新芽を出し、山椒の芽や柑橘の花が出てきた
5月、畑では気の早いズッキーニも実をつけ始め、着々と
夏が近づいていることを感じます。冬の間、根菜として使っ
ていた人参やフェンネルは小さな花を収穫し、料理に香り
を添えます。

この時期においしい野菜は、新玉ねぎ、にらの花、うすい
えんどう、そしてそら豆……。市場で見かけるサイズのそら
豆は粉っぽくて、独特の香りも嫌いでしたが、ある時小さ
いサイズで収穫するとみずみずしく、香り豊かでまったく別
物なことに気づきました。以来、それを生かせる料理を作
るようにしています。今では、小さくて甘いそら豆を目当て
にいらっしゃるお客さんも増え、すっかり晩春の風物詩に
なりました。

5月初めの料理

MAY-01

そら豆 オゼイユ

4月末から5月にかけて穫れるそら豆のうち、生で食べるには少し成長しすぎた豆をチュイルに加工。柔らかく甘い若採りのそら豆のピュレをトッピングし、オゼイユとレモンオイルで酸味を添えた。

ごぼう 牡蠣

—

塩ゆでした2種のごぼう（サルシフィと葉ご
ぼう）と、霜降りした牡蠣の組合せ。「冷
たくもなく、熱くもない温度感」がポイント
で、牡蠣のミルキーな風味を引き出すた
め、熱した器にサッと盛る。

MAY-03

花ズッキーニ #P.013 アシアカエビ

—

花が開いていない小さなズッキーニの、
将来花になる部分を蒸し焼きにして、ア
シアカエビとイカ墨のソースを合わせた。
「育った花に詰めものをするより、ストレー
トに花ズッキーニの味を楽しめます」。

MAY-04

コリンキーとズッキーニ

—

ともにかぼちゃの仲間であるコリンキーと
ズッキーニを薄切りにして黄ビーツのジュー
スを流し、サラダ仕立てに。自家製クス
クスやココナッツオイル、ガラムマサラなど
エスニックな風味でまとめる。

ズッキーニ

5月末頃から使い始めるズッキーニは、夏野菜の中で一番初めに実ります。そら豆が終わる頃から使いたいので、早めに植えて準備しています。

形や大きさの異なる品種を4タイプほど育てていますが、いわゆるズッキーニらしい大きさになる前の、全長5cmくらいの小さなサイズを生で使うのが好みです。未熟なズッキーニの、みずみずしさや甘さが気に入っています。

若採りのそら豆などもそうですが、実の中に甘い「蜜」が入っている感じがして、「これから大きく育つための栄養を蓄えているんだな」と実感できます。

ズッキーニの花は、開く前のつぼみの状態で収穫すると、質感がしっかりしていて、サイズもちょうどよいので使いやすいと思います。

実をつけない雄花も大量に穫れるので、きざんでソテーし詰めものにしたり、ピュレにしたりしています。

写真の丸いタイプ、長いタイプの他に黄ズッキーニなどを栽培。
花が開ききったものは詰めものやパウダーに加工する。

MAY-05

イカ墨のパスタ うどの葉

—

エビのだしでイカ墨パスタを水分がとぶ
まで焼きつけ、「かた焼きそば」風に。一
部パリパリになったパスタを噛みしめると
エビの旨みが口中に広がる。素揚げし
たうどの葉をのせ、山椒パウダーとともに。

MAY-06

ラヴィオリ うすいえんどう 胡桃

—

和歌山の春の代名詞、うすいえんどうを
セルフイユとともにピュレにしてラヴィオリに
詰めた。これをセージバターで和え、乾
燥させたうすい豆、そのさや、胡桃を
たっぷりふって食感豊かに仕立てる。

Ｍａｙ-07

デコポン　カモミール
ビールのジェラート

—

カモミールの泡の下にはロングペッパーと
生姜の香りを移した白ビールのジェラート、
そしてデコポンの砂糖漬け。柑橘とハー
ブのフルーティーな香りを、少量しのばせ
た七味唐辛子がピリッと引き締める。

Ｍａｙ-08

小菓子

—

小菓子にも自家栽培の野菜やフルーツを
ふんだんに使う。左から反時計回りに、
ビーツをそれ自体の水分で炊いた砂糖漬
け、金柑コンフィの和三盆まぶし、アマゾ
ンカカオのアマンドショコラ。カカオで作っ
たグリッシーニを添えて。

春の畑

| 春の畑は豆が主役

冬の畑を彩ったチーマ・ディ・ラーパやプンタレッラが終わる頃、今度はブロッコリーやキャベツの脇芽が育ち始めます。季節はもう春です。

—

早春、盛春、晩春とそれぞれに穫れる野菜が違いますが、少し気温が上がって盛春になるとグリーンアスパラガスが始まりますし、大根には白い花が咲き、小さなさや大根が出てきます。

それに、玉ねぎ。このあたりでは、昔から稲刈りの終わった田んぼで玉ねぎを作る伝統があります。うちでも玉ねぎはいくつもの品種を育てていて、白、赤、葉玉ねぎに小玉ねぎ……さまざまな色や形のものが収穫期を迎えます。

晩春の畑の主役は、やっぱり豆です。そら豆、いんげん豆、和歌山特産のうすいえんどうを中心に育てていて、最近はひよこ豆とレンズ豆にも挑戦しました。一昨年は全体的に豆が不作で、あっという間にシーズンが終わってしまったんですが、昨年、今年と出来がよくて安心しています。ただ、ひよこ豆とレンズ豆は栽培が難しいです。ひよこ豆は風に弱く、多くが枯れてしまいましたし、レンズ豆も豆自体がごく小さいうえに量が穫れないので、効率が悪くて。収穫量を全部集めても「お客さん10人にお出しできるかな」という程度ですから、まだまだです。

—

豆類は前年の10月にトレイに種を蒔き、発芽したら11月頃に畑やハウスに定植します。その後しばらくは芽が小さいまま

で、4月に入って暖かくなるとキューッと一気に伸びるんです。だったら暖かくなってから植えればいいじゃないかと思うのですが、それだとうまく育ちません。冬の間に根っこを地中に張り巡らせているんでしょうか、とにかく越冬させるのがポイントのようです。その後はつるが絡まりやすいようにポールを立てて、苗のまわりを薬で囲って風を避けたり、枝の先端を切ってあげたりしながら豆が育つのを待ちます。

—

ただでさえ短い豆のシーズンですが、中でも生の豆が食べられるのは4月下旬からゴールデンウィーク明けまでの2週間だけ。この時期には豆づくしのコースを作ることもあります。もともとは常連さんから「ヨーロッパで食べた『涙豆』（未熟な豆）

villa aida　自然から発想する料理

をもう一度食べたい」と言われたのがきっかけで、「じゃあせっかくだし、いろんな豆を使ってコースにしましょう」と始めたのが定着しました。

| 小さなそら豆は蜜の味

そら豆というと、どのくらいのサイズを思い浮かべるでしょうか？ さやが15〜20cmくらいで、豆は2cmほどの大きさというのが一般的だと思います。でも、僕にとってはそれは育ちすぎ。大きなそら豆は粉っぽくて嫌いです。小指の爪ほどの大きさの豆を生で、あるいはバターでスュエして食べるのがおいしいと思っています。

小さなそら豆は、薄皮をむくと中から「蜜」が出てきて、甘くておいしいんです。穫れたては、さやだって加熱して食べられるほど柔らかくて、お客さんにもそうした魅力を味わっていただきたいと思います。畑と厨房が直結した僕たちの店だからこそできることですから。

—

ただし、追求するのは「料理」としての

おいしさです。畑をやっていると「素材そのものの味を知ってほしい」という気持ちが強くなりますが、レストランであるからには、そこから一歩先に進まないと。それは常に肝に銘じています。

このそら豆、小さいぶん収穫するのが大変で、1日の営業で使うコンテナ1杯分を集めるのに約1時間かかります。さらに、さやと薄皮をむくのに3人がかりで3時間。この時期だけは本当に大変です。むかずにおいしく食べられる方法はないか

と考えてたどり着いたのが、生のそら豆を薄皮ごとペーストにして、薄くのばしてチュイルのように焼くという方法です。心地よい苦みがあり、豆の濃い風味も残っていて、気に入っています。

—

でも、こうした使い道も来年は違ったものになるかもしれません。毎年、同じ時季に同じ野菜が巡ってくるので料理を変化させるのに苦労しますが、その代わり試作もいっぱいできますから。

2017年の春、店の裏手に新しく畑を拓きました。高齢で稲作を継続するのが困難になったおじさんの田んぼを借りて、西瓜、冬瓜、かぼちゃ、瓜、さつま芋、麦などを植えています。2反（600坪）ほどと充分すぎる大きさです。畑が広がったことで、収穫までに時間がかかる野菜も作れるようになったのが大きな変化です。夏野菜の種蒔きも進み、5月半ばをすぎると4品種ほど育てているズッキーニ、各種のトマト、きゅうりなど夏野菜も出始めます。野菜が変わると、料理もガラリと変わります。

料理解説

MAY-01
そら豆 オゼイユ

1 … そら豆（標準サイズ）を塩ゆでして薄皮を外す。少量の水とともにココット鍋で加熱し、ミキサーにかける。薄くのばして100℃のオーブンで乾燥させ、そら豆のチュイルとする。

2 … そら豆（若採りのもの）を塩ゆでして薄皮を外し、ミキサーにかける。みじん切りにしたパセリとコリアンダーを加え、塩とレモンオイルで味をととのえ、涙そら豆のピュレとする。

3 … 1のチュイルに2をのせて、若採りのそら豆とオゼイユをあしらう。

MAY-01

MAY-02
ごぼう 牡蠣

1 … 若採りのサルシフィ（西洋ごぼう）を輪切りにして塩ゆでする。

2 … 葉ごぼう（若ごぼう）も同様に切って塩ゆでする。

3 … 牡蠣を湯通しして、米酢3、グラニュー糖2、醤油1、ジンジャーヴィネガー1の割合で合わせて温めた地にくぐらせる。食べやすい大きさに切る。

4 … 温めておいた器に3を盛り、1、2、斜め切りにして水にさらしたうと、春菊のつぼみのピクルス*、新玉ねぎのピクルス（解説省略）、レモンの花を添える。

* 春菊のつぼみをさっとゆでてピクルス液（P. 222）に漬けたもの。

MAY-02

MAY-03
花ズッキーニ アシアカエビ

1 … ココット鍋に水とオリーブオイルを少量ずつ入れて温め、花ズッキーニ（花が開く前のごく小さなもの）を蒸し焼きにする。

2 … 花ズッキーニが透き通ってきたら塩をふり、頭と殻を外して背わたをとったアシアカエビを加え、軽く温める。

3 … 2の花ズッキーニとアシアカエビを器に盛り、イカ墨ソース（P. 222）を注ぐ。ねぎの花とねぎパウダーを添える。

MAY-03

MAY-04
コリンキーとズッキーニ

1 … クスクスを作る。粒の粗いセモリナ粉を板に広げ、霧吹きで水をかける。粒の細かいセモリナ粉をふりかけ、まぶしつける工程を4〜5回繰り返して粒を大きくしていく。スチコンで40分ほど蒸す。

2 … ズッキーニを薄切りにし、コリンキー（ごく小さなもの）を輪切りにする。

3 … ソースを作る。スロージューサーで黄色ビーツのジュースを取り、バター、白ワインヴィネガーとともに温める。塩で味をととのえる。

4 … 皿に1、2、輪切りにしたみょうがたけ*のピクルス（解説省略）を盛り、ソースをかける。サマーセイボリー、コリアンダー、ディルの花、ガラムマサラを散らし、ココナッツオイルをふる。

* みょうがの茎を軟白栽培したもの。

MAY-04

MAY-05
イカ墨のパスタ うどの葉

1 … イカ墨のパスタを作る。セモリナ粉200g、00粉300g、卵黄15個分、イカ墨ソース（P. 222）適量を合わせてこねる。水分が行きわたったらラップで包み、一旦ねかせる。再度こねて、ツヤが出てひとまとまりになったら真空パックにして、冷蔵庫でしばらくやすませる。薄くのばしてパスタマシンで細く切り、半乾燥させておく。

2 … オリーブオイルを熱したフライパンにエビのジュ（P. 222）を注いで軽く煮詰める。イカ墨パスタをゆでてから加え、水分がとぶまで焼きつける。ルーコラペースト*を加えてからめる。

3 … うどの葉をオリーブオイルで素揚げし、塩をふる。

4 … 器に2を盛り、3をのせ、山椒パウダーをふる。

* ルーコラ、イタリアンパセリ、たらの芽、アーモンド、にんにく、オリーブオイルをミキサーで撹拌したもの。

MAY-05

MAY-06
ラヴィオリ うすいえんどう 胡桃

1 … うすいえんどう*を塩ゆでし、生のセルフイユとともにミキサーにかけてピュレにする。塩で味をととのえる。

MAY-06

2 … ラヴィオリの生地 (P. 222) に1を包んでゆでる。

3 … フライパンにバターを溶かしてセージを加え、香りを移す。2を入れて和える。

4 … 3をセージごと皿に盛り、乾燥させたうすいえんどうとそのさや、からし菜、セルフイユ、砕いた胡桃を添える。パルミジャーノのすりおろしをふる。

* えんどう豆の一品種で、和歌山県で多く栽培されるため「紀州うすい」とも呼ばれる。

MAY-07

デコポン　カモミール
ビールのジェラート

—

● ビールのジェラート

1 … 白ビール660cc、グラニュー糖100g、ロングペッパー1個、生姜 (スライス)1/2個分、はちみつ30g、増粘剤 (ビドフィックス) 3gを鍋に入れて温める。

2 … ロングペッパーと生姜の香りが白ビールに移ったら漉し、生クリーム50gを加え混ぜる。パコジェット専用容器に入れて冷凍し、提供直前にパコジェットにかける。

—

● カモミールの泡

1 … 牛乳300cc、カモミールの葉 適量、カモミールティーの茶葉 2パック分、グラニュー糖10g、レシチン小さじ1を鍋に入れて人肌に温める。

2 … 1を漉し、ハンドミキサーで泡立てる。

—

● 仕上げ

1 … 器に薄く切ったデコポンのグラニュー糖漬け*を盛り、レモン果汁と七味唐辛子をふる。

2 … ビールのジェラートをのせる。

3 … カモミールの泡をのせ、カカオニブ、自家製グラノーラ、ローズマリーの花を添える。

* 皮をむいたデコポンを、何度かに分けて糖度を上げながらシロップで炊いたもの。

MAY-08

小菓子

—

● ビーツのグラニュー糖漬け

1 … ビーツを適宜に切り、グラニュー糖をまぶししてしばらくおく。

MAY-07

2 … 1のビーツを、ビーツから出てきた水分ごと鍋に移して炊く。柔らかくなったら冷まして一口大に切り、半乾燥させる。

3 … 2にグラニュー糖をまぶし、アマランサスの葉をあしらう。

—

● 金柑コンフィの和三盆まぶし

1 … 金柑に針打ちし、グラニュー糖200g、水1ℓを合わせたシロップで炊く。

2 … 1を半割して種を取り、和三盆糖をまぶす。

—

● アマンドショコラ

1 … アーモンド200gを170℃のオーブンで25分ローストする。

2 … 鍋にグラニュー糖100gと水25gを入れて火にかけ、112℃まで熱する。

3 … 2に1を入れて糖衣をまとわせる。

4 … 3をボウルに移してバター10g、アマゾンカカオ50gを入れ、余熱で溶かして全体にからませる。

5 … 4が冷めたら粉糖をまぶす。

—

● カカオのグリッシーニ

カカオパウダー5g、強力粉20g、水15cc、グラニュー糖15g、ドライイースト1gをすべて合わせ、薄くのばす。細い棒状に切って170℃のオーブンで焼く。

MAY-08

villa aida　自然から発想する料理

向夏

梅雨時になると、人参やフェンネルの花も終わり、次は種ができてきます。フレッシュのフェンネルシード、キャロットシード、ディルシード、コリアンダーシードが収穫できます。野菜をただ使うのではなく、花や種まで生かせるというのは、菜園がある自分たちだからこそできることです。

この時期は、「シード＝スパイス＝夏」という連想が働いて、料理も自然と夏らしい仕立てになってきます。野菜は出始めのアーティチョーク、いんげん豆、きゅうり、ズッキーニ、ヤングコーンなど。漁が解禁されたばかりの鮎やアマゴなどの川魚と合わせて、清涼感を添えます。

夏に備えて体が栄養補給を欲しているこの時期、ほのかな酸味やみずみずしさも意識し、そこに油で揚げたものや、乳製品を添えて油分を補います。季節の移り変わり、野菜の成長、人間の体が欲するものがすべてつながっていると感じます。

６月初めの料理

JUN-01

野菜のタルトレット三種
茄子 きゅうり ズッキーニ

—

夏に向かう畑の野菜を三種の小さなタルトレットに。タルトレット生地もじゃが芋で仕立てた野菜づくしのアミューズで、茄子には茄子の灰を、きゅうりには一味唐辛子を、ズッキーニにはカラメルを合わせた。

鰹　モロヘイヤ　ピーマン　ゴーヤ

—

ゴーヤと焼きピーマンをスロージューサーにかけてエキスを抽出。その苦み、甘み、青みを、たたきにした鰹と合わせる。たたきにはトマティーヨと赤玉ねぎを添え、モロヘイヤの素揚げをのせて。

JUN-03

P.028 が
アーティチョーク　にんにくクリーム

—

ゆでてばらしたアーティチョークの蕚を指でつまみ、にんにく風味のクリームと塩で食べてもらう。素材のおいしさをスナック感覚でシンプルに表現した一品。

JUN-04

アーティチョーク レンズ豆
フェンネル花のフリット
—

丸ごと揚げたアーティチョークににんにくク
リームを詰めた。外はパリパリ、中はホク
ホクのアーティチョークを、底に敷いたレン
ズ豆の煮込みとともに味わう。フェンネ
ルの花とズッキーニのフリットを添えて。

アーティチョーク

野菜の中で、もしかすると一番好きなのがアーティチョークかもしれません。

五味の要素が全部詰まっていて、ゆでてもいいし、焼いてもおいしい。丸ごと揚げてホクホクした食感を出すのも好きな仕立てです。

また、最近は畑と直結したレストランだからこその料理として、穫れたてをさっとゆでて、形や色の美しさが感じられる盛りつけで提供する、という料理も試しています。アーティチョークでおいしいのは、花の付け根の肉厚な萼の部分。その萼を指でつまんで召し上がっていただくというもので、新鮮なアーティチョークを楽しむ絶好の食べ方だと思います。

多年草なので一度植えれば毎年5月〜6月に収穫できますが、和歌山の蒸し暑い気候とあまり相性がよくないこと、そして一度植えるとずっと畑の一画を占領することになるので、たくさんは育てられていないのが残念です。

写真は加熱用の品種。生食できるタイプもある。

丸ごとゆでることで、葉先の緑や紫の色合いを生かす。

油との相性もよい。揚げればホクホクした食感に。

鮎とその肝　オゼイユ　じゃが芋

—

塩焼きした鮎と、「肝と骨のシャーベット」の組合せ。鮎はほうじ茶風味のチュイルや新じゃが芋のピュレと重ねて食感の変化を出す。蓼酢をイメージして、大きく育ったオゼイユの葉や緑トマト、ピクルスを添えて酸味をプラスした。

アマゴ 黒米 おかひじき

JUN-06

—

和歌山県西部、有田川町で獲れたアマゴを多めの油で揚げ焼きに。身の水分を抜くことで、淡白な味わいのアマゴから旨みを引き出した。焼きトマトのジュをソースとし、おかひじきと、アマゴの骨＆山椒パウダーを添える。

コリンキー　じゃが芋　ズッキーニ

—

旬のコリンキーやズッキーニを鯛の昆布締めとともに盛り、焼きピーマンのジュを流す。野菜類を山盛りにするイタリアの伝統料理「カッポン・マーグロ」が発想源で、ジェノヴェーゼを思わせる香りのバジル花がアクセント。

JUN-08

新じゃが芋のラヴィオリ

P. 03Vカタ いんげん豆

———

なめらかな新じゃがいものピュレをラヴィオリに詰め、セージバターをからめる。小さないんげん豆のみずみずしさやアーモンドの歯ごたえ、ポーチドエッグのコク、人参の花やニゲラの花の香りによって春らしいパスタ料理に。

いんげん豆

いんげん豆は、夏の豆。7月初めからがシーズンです。他の野菜と同様に、小さく、細いうちから使い始めます。長さ5〜10cmほどの若い豆が、味と食感のバランスがよくておいしいと思います。

調理法は、ほぼ100%「ゆでる」。塩ゆでしてサラダにしたり、パスタにしたり。じゃが芋やバジル、ナッツ類との相性のよさは間違いのないところです。

ポイントはゆで方で、僕は、ちょっと硬めにゆでたいんげん豆の独特の青臭さや、芯の残った食感があまり好きではありません。硬くも柔らかくもない、ちょうどいい状態が一番です。

長さ5cmほどのいんげん豆なら、「ポコポコ沸いているお湯で3分」がゆで時間の目安。青みが甘みに変わる瞬間を狙います。

出始めのいんげん豆。5〜10cmくらいの細身のものを使う。

ほろほろ鳥　キヌア　コーンスープ

—

和歌山県産ほろほろ鳥と、フェンネルのピュレを溶かしたジュの組合せ。焼きとうもろこしの冷たいスープを別添えして、「真夏に少し冷たいものを」という身体への気遣いを形にした。ブラッククミンシードとキヌアを添えて。

青梅のグラニテ

—

毎年6月になると生産者や友人から届く
青梅で甘露煮を作るのが小林氏の習慣。
その甘露煮をピュレにしてタルト型に詰め
て凍らせ、グラニテに抹茶パウダーで覆
い、はちみつ数滴とフルール・ド・セル、
フェンネルの花を添える。

緑いちじく いちじくの葉のジェラート ヴェルベーヌ

—

完熟の緑いちじくをシロップ漬けにし、甘
い香り漂ういちじくの葉はアンフュゼして
ジェラートに仕立てた。ヴェルベーヌの葉、
バジルの花も合わせて、初夏のさわやか
さを伝えるデザートに。

岩出にお客を呼ぶために

| 開き直ったオープン 4 年目

店がある和歌山県岩出市は、関西空港から車で30分ほど、大阪の中心部から電車とタクシーで1時間30分ほどの場所にあります。大自然に囲まれているわけではない、日本の普通の田舎町。そんな場所にお客さまを呼ぶために、20年間試行錯誤を重ねてきました。
—
1998年に独立して、2年ほどで客足が落ちました。1500円で始めたランチを1000円に値下げし、夜も5000円から3500円に下げましたがうまくいきません。4日連続で予約ゼロなんてこともありました。実家暮らしで家賃がかからなかったのがせめてもの救いで、この数年は本当に扶養家族みたいな生活。そこで腐らず

に料理や店作りについて考え続けたのが糧になったと思います。
時間は余るほどあったので、お客さま向けにフリーペーパーを作ったり、パソコン教室に通って店のホームページ作り直したりしました。フリーペーパーはスタッフ紹介や簡単なレシピ、お客さまの声を載せたもので、今思うとここに自分の思いを書き出していくことで考えがまとまり、料理の方向性が定まっていった気がします。
—
本格的に野菜作りと野菜料理に取り組み始めたのは2002年くらいからです。イタリア産食材を使うのをやめて、身の回りにある大根やキャベツ、トマトやきゅうりで料理を作る——地元の人からしたら何の変哲もない野菜ですから、都会のお客さまを呼び込まないと続けていけませ

ん。僕は開き直っていました。どうせダメならやりたいことやってやめよう、と。
拠りどころにしたのは、「魅力ある地元食材を使い創意工夫を凝らすこと」「それを積み重ねること」——イタリア時代にシェフから教わった、そんな言葉です。ここにしかない料理を作ることができれば、お客さまは遠くからでも食べに来てくれるはずだ、と。
でも、そうすると今度は料理と店の雰囲気が合わないことに気づきます。周りの意見に流されて作ったイタリア国旗カラーの看板、アルミサッシ丸出しのダイニング、客席から目に入るレジカウンター……経営状態は最悪でしたが、この際、自分が嫌なところは全部変えようと、銀行からお金を借りて2003年にリニューアルしました。

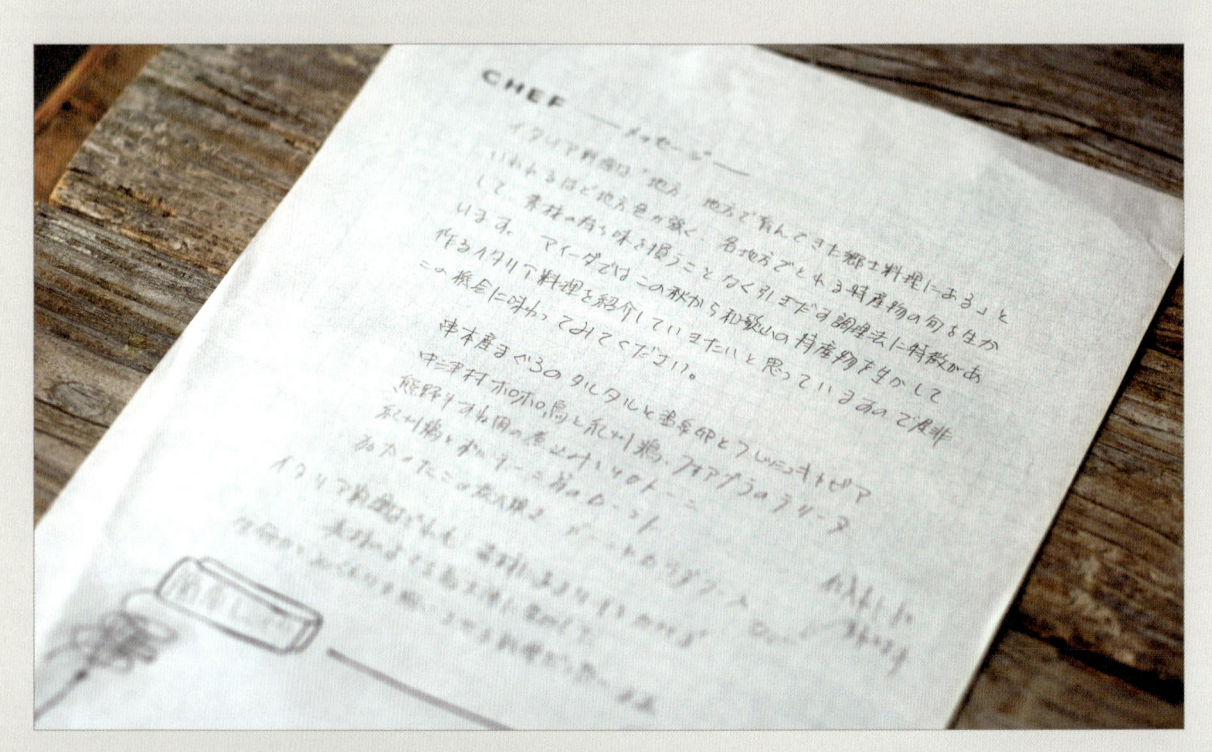

2002年頃、フリーペーパー用に書いた原稿。「この秋から、和歌山の特産物を生かして作るイタリア料理を紹介していきたい」と決意が記されている。

状況が好転するきっかけになったのは、2005年に開いたイベントです。なんとか7周年を迎えられた感謝を込めて、お世話になった方80人ほどに案内を出してパーティーを開きました。その時は楠田さん（裕彦氏「メツゲライ クスダ」オーナーシェフ）や、結婚前の相方（小林＜旧姓・石田＞有巳氏。当時は大阪のビストロ「ル・ピリエ」のオーナーシェフ）など関西の料理人仲間が手伝いに来てくれて。朝穫れた野菜をたっぷり使った料理をお出しして、皆さんにとても喜んでもらえました。

この時の参加者のつながりから、「和歌山におもしろい店がある」と関西の食雑誌で大きく紹介され、その後、立て続けに取材が来るように。連日、大阪方面からのお客さまで席が埋まるようになりました。経営面でも助かりましたが、家族や友人が自分のことのように喜んでくれたのが何よりうれしかったです。

—

2007年、結婚を機に再度改装し、宿泊棟を増築しました。飲酒運転の取締りが厳しくなり、運転するしないにかかわらずお酒を飲む人が減っていた時期です。食後に泊まる場所があればお酒の注文も増えるはずと期待したんですが、実際はそれでも飲まない方が多くて……。ただ、旅雑誌の取材が来るようになり、東京方面からの客足が伸びたので結果的には正解でした。

20年間店を続けてきた実感として、料理や内装、サービス以外に、畑や宿泊、物販など“プラスアルファ”の要素が多いほど来店動機につながることがわかってきました。それも、どれか一つではなく、すべてを頑張らないと、地方で経営を継続するのは難しい。もちろん料理の力が一番大切ですが、おいしいだけではなく、他店にはない「売り」が必要です。うちにとってはそれが野菜だし、同じ和歌山で頑張る手島さん（純也氏。「オテル・ド・ヨシノ」シェフ）の場合はクラシックなフランス料理なんだと思います。

そして、どれだけ頑張っても浮き沈みが避けられないのも、地方の店にとっては事実です。軌道に乗ったと思っても、急に暇な時期が続くこともあります。そんな時はこれも宿命と割りきって、自分の料理を磨く時間にあてたり、思いきって休みをとったりする心の余裕が大切なのかな、と今は思います。

オープン7周年イベントのアルバムを見る。

料理解説

JUN-01

野菜のタルトレット三種
茄子 きゅうり ズッキーニ

JUN-01

● じゃが芋のタルトレット

1 … ゆでてつぶしたじゃが芋400g、卵白80g、溶かしバター80g、強力粉20g、グラニュー糖20g、アーモンドパウダー20gをフード・プロセッサーで回す。冷蔵庫で一晩やすませる。

2 … 直径5cmの円がくり抜かれたシリコン型をテフロンシートの上に広げ、1の生地をのせ、コルヌで薄くのばす。シリコンシートを外す。

3 … 2を150℃のオーブンで10分ほど焼き、生焼けの状態で一旦取り出す。

4 … 3の生地を直径4cmのタルト型に敷き、上から同じ大きさの型で押さえて成形し、160℃のオーブンで20分ほど焼く。

● 茄子

1 … 茄子を皮ごと黒焦げになるまで焼く。中身をくり抜き、ミキサーで回してピュレにする。鍋にとり、濃度がつくまで煮詰める。塩で味をととのえる。

2 … みょうがを鱗片ごとに分け、冷たいピクルス液（P.222）に5分浸ける。

3 … じゃが芋のタルトレットに1を絞り、2をのせる。茄子の皮の灰＊をふり、にらの花をのせる。

● きゅうり

1 … フロマージュ・ブラン250g、和芥子10g、塩3g、シェリーヴィネガー大さじ1を合わせて混ぜる。

2 … きゅうりを角切りにして、1で和える。

3 … じゃが芋のタルトレットに2を盛り、ごく少量の一味唐辛子をふる。ミントの葉とディルの花をあしらう。

● ズッキーニ

1 … 花ズッキーニを丸ごときざみ、バターでスュエする。包丁で叩いて食感を残したピュレにする。

2 … じゃが芋のタルトレットにカラメルを流し、1を盛る。パルミジャーノのすりおろしをたっぷりのせる。

＊ 焼き茄子からはがした皮をオーブンでさらに乾燥させ、ミルサーにかけたもの。

JUN-02

鰹 モロヘイヤ ピーマン ゴーヤ

JUN-02

1 … カツオを2人分約100gの切り身にして塩をふり、表面をブラックに押し付けて、たたき風に焼く。二等分する。

2 … 自家製リコッタ、バジル、青じそをミキサーで撹拌してピュレにする。塩で味をととのえる。

3 … 皿に2をぬり、1をのせ、塩をふる。薄切りにしたトマティーヨと小角切りにした赤玉ねぎをのせる。

4 … 3に塩ゆでしたモロヘイヤとオリーブオイルで素揚げしたモロヘイヤをのせる。ゴーヤとピーマンのジュース＊とオリーブオイルを流し、モロヘイヤパウダー（解説省略）をふる。

＊ ゴーヤとピーマンをスロージューサーにかけたもの。

JUN-03

アーティチョーク にんにくクリーム

JUN-03

1 … アーティチョークを塩ゆでし、萼を一枚ずつばらす。

2 … クレーム・ドゥーブルににんにくのすりおろしを少量加え混ぜる。

3 … 1を器に盛り、粗塩を添える。2を別添えする。

JUN-04

アーティチョーク レンズ豆
フェンネル花のフリット

JUN-04

● レンズ豆

1 … 玉ねぎ、人参、セロリ、にんにくをそれぞれきざむ。ローズマリーとともに、オリーブオイルを熱したココット鍋で炒める。

2 … レンズ豆を加え、白ワインをふってアルコール分をとばす。鶏のブロード（P.222）をひたひたに注ぎ、炊く。塩で味をととのえる。

● アーティチョーク

1 … アーティチョークを塩ゆでし、中心にある花の部分を取り除く。高温のオリーブオイルでパリッと揚げる。

2 … クレーム・ドゥーブルににんにくのすりおろしを少量加え混ぜる。

3 … 1に2を詰める。

● 仕上げ

1… 花ズッキーニ（乾燥）*¹をオリーブオイルで素揚げする。フェンネルの花は小麦粉をまぶし、霧吹きで水を吹きかけてオリーブオイルで揚げる。塩をふる。

2… 器にレンズ豆を盛り、アーティチョークを置く。適宜に切ったうどのピクルス*²を添え、1のフリットを添える。

3… ボリジの花を添える。

*1 花ズッキーニの花の部分を軽く塩ゆでしてから広げてオーブンで乾燥させたもの。

*2 うどを昆布かつおだしベースのピクルス液に漬けたもの。

JUN-05

鮎とその肝 オゼイユ じゃが芋

JUN-05

● 鮎

1… 鮎は三枚におろす。頭、中骨、内臓は取りおく。

● 肝のアイス

1… 鮎の頭と中骨をオーブンでカリカリになるまで焼く。

2… ボウルに鮎の内臓を入れて湯煎で加熱する。

3… パコジェット専用容器に1と2を入れて、ほろほろ鳥のジュ（P.222）をひたひたに注ぎ、冷凍する。

4… パコジェットにかけてバットに移し、再度冷凍する。スケッパーで細かく砕く。

● 焙じ茶のチュイル

1… パン粉、焙じ茶の茶葉、卵白をミキサーで撹拌する（手で握ると固まるが、すぐにほぐれるくらいの硬さにする）。

2… 1をシルパットにごく薄く大きくのばし、12cm×1.5cmほどの長さに切り目を入れる。

3… 2を170℃のオーブンで20分ほど焼く。自然と反ってきたら平たくなるように形を整える。温度を180℃に上げて10〜15分焼く。

● 仕上げ

1… 皿に焙じ茶のチュイルを置き、新じゃが芋のピュレ（P.222）をぬり、焼いた鮎を重ねる。

2… 緑トマトとオゼイユの軸をそれぞれきざみ、レモンオイルで和える。

3… 1に2をのせ、肝のアイスを散らし、大きく育ったオゼイユの葉をのせる。

4… 周囲にピクルス（さや大根、きゅうり）や黒オリーブの塩水漬け、マリーゴールドの葉、春菊のつぼみのピクルスを乾燥させたものを添える。ケールパウダーをふる。

JUN-06

アマゴ 黒米 おかひじき

JUN-06

● アマゴ

1… アマゴの内臓を取り、塩をふり、ソミュール液（P.222）に一晩浸ける。

2… 1の頭を落とし、腹開きにし、中骨と腹骨を取る。

3… 頭はオリーブオイルで香ばしく揚げる。

4… ブラックを熱々に熱し、アマゴの身を皮目から瞬間的に強火で焼く。

5… 中骨はオリーブオイルをまぶしてフライパンでカリカリになるまで焼き、山椒とともにミルサーにかけてパウダーにする。

● ソース

トマトを丸ごと、高温のオーブンで焦げて色づくまで焼く。焼き汁ごと静かに紙漉しして塩で味をととのえる。

● 仕上げ

1… 鶏のブロード（P.222）で黒米を炊く。炊きあがったらオリーブオイルで揚げる。

2… 皿にアマゴの頭と身を盛り、1をふる。ソースを流し、ゆでたおかひじきをのせ、アマゴの中骨のパウダーをふる。

3… たまご茄子*のピクルス（解説省略）を添え、オリーブオイルを流す。

* 小型の白い茄子で、白たまご茄子とも呼ばれる。主にピクルスにして用いる。

JUN-07

コリンキー じゃが芋 ズッキーニ

JUN-07

1… 鯛を三枚におろし、皮付きのまま一晩昆布締めにする。適宜の大きさに切り、皮目のみをブラックで香ばしく焼く（身に火が入らないように注意する）。厚さ5mmほどに細長く切る。

2… コリンキーを細めのくし切りにして、さっと湯通しする。じゃが芋は塩ゆでしてから細め

のくし切りにする。ともにオリーブオイルと水を熱
した鍋で軽く温める。

3 … ズッキーニは細めのものを縦に半割にし
て、プランチャで断面を焼く。

4 … 焼きピーマンのジュを作る。ピーマンを半
割にして種を抜き、プランチャで焼き目をつけて
からスロージューサーにかける。

5 … 皿に1〜3を彩りよく盛り、4を流す。桑
の実のヴィネガー煮、緑トマトのジャム、さや
大根とうとコリアンダーシードのピクルス（すべ
て解説省略）、揚げてアク抜きしたたまご茄子の
ピクルス、胡椒と黒糖風味のオリーブ*、半割
にしたプチトマト、バジルの花、ノコギリソウ、
ナスタチウム、紫バジル、赤オゼイユをあしら
う。柑橘の皮＆コリアンダーシードのパウダー
をふる。

* 黒オリーブをセミドライの状態に乾かし、黒胡椒と黒糖
をまぶしたもの。

を加えて煮詰める。漉す。

2 … フェンネルの根のピュレ（P. 183）と生クリー
ムを合わせ、1に加える。塩で味をととのえる。

● とうもろこしのスープ

1 … とうもろこしの皮をむいて直火にかけ、焼
き目をつける。

2 … 実をこそげ取り、スロージューサーにかけ
て冷やしておく。

● 仕上げ

1 … 皿に水で炊いたキヌアを盛り、ほろほろ
鳥をのせ、ソースを流す。ブラッククミンシード
を添える。

2 … ほろほろ鳥にヤングコーンの泡*をのせ、
とうもろこしのスープを別添えする。

* ヤングコーンのひげを水とバターで温めて香りを移し、
漉してからハンドミキサーで泡立てたもの。

JUN-08
新じゃが芋のラヴィオリ いんげん豆

1 … ラヴィオリの生地（P. 222）で新じゃがいも
のピュレ（P. 222）を包み、ゆでる。

2 … フライパンにバターとセージを入れて火
にかけ、香りを移す。1のラヴィオリを加えて和
える。

3 … 2をセージごと器に盛り、ゆでたかつお
菜とポーチドエッグ（解説省略）をのせる。ゆで
て皮をむき粗くきざんだアーモンド、ゆでたさ
やいんげん（ごく小さいもの）、人参の花、セイボ
リー、ニゲラの花を添える。

4 … パルミジャーノのすりおろしといんげん豆
のパウダーをふる。

JUN-08

JUN-10
青梅のグラニテ

1 … 青梅の甘露煮*の果肉500gに対し、
水800g、パスティス30cc、グラニュー糖30g、
はちみつ60gを合わせて混ぜ、直径4cmの
タルト型に注いで冷凍する。

2 … 1を型から取り出し、抹茶をふりかける。
はちみつ、フルール・ド・セル、フェンネルの
花をあしらう。冷凍庫で冷やしておいた石に
のせて提供する。

* 針打ちした青梅1kgに対し、グラニュー糖480g、水
1200ccを合わせて炊いたもの。

JUN-10

JUN-09
ほろほろ鳥 キヌア コーンスープ

● ほろほろ鳥

1 … ほろほろ鳥のコフルに塩をふって表面を
焼く。カレープラントとともに真空パックにし、
56℃の湯煎で火入れする。

2 … 皮目をフライパンで香ばしく焼き、さばい
て1人分の大きさに切る。

● ソース

1 … ほろほろ鳥のジュ（P. 222）にわさびの根

JUN-09

JUN-11
緑いちじく いちじくの葉のジェラート
ヴェルベーヌ

● 緑いちじくのコンポート

1 … シロップを作る。イチジクの葉10枚、
ヴァニラビーンズ1/2本、水800cc、グラ
ニュー糖325gを鍋に入れて温め、アンフュゼ
する。いちじくの葉の香りが移ったら漉して冷
ます。

2 … 緑いちじくを丸ごと、1のシロップとともに
真空パックにして冷蔵庫で保管する。

● いちじくの葉のジェラート

JUN-11

1 … 牛乳800cc、水200cc、グラニュー糖200g、いちじくの葉10枚を鍋に入れて温め香りを移す。漉して冷まし、フロマージュブラン500gを加えてパコジェット専用容器に注ぎ、冷凍する。

2 … 提供直前にパコジェットにかける。

● 仕上げ

1 … 皿に緑いちじくのコンポートを盛り、そのシロップをかけ、パンジーの花とヴェルベーヌの葉をまとわせる。

2 … いちじくのジェラート、アマンドショコラ(P. 019)と胡椒風味のメレンゲ（解説省略）、砕いた胡桃、バジルの花を添える。

盛夏

夏の盛りというと、7月から8月頭を思い浮かべます。1年で畑がもっとも勢いづく時期で、ピーマン、きゅうり、オクラなど夏野菜が、収穫が追いつかないくらいたくさん実ります。トマトもこの頃がピークです。

一度に穫れすぎて困ることもありますが、大量にあるからこそ、その使い道を探して新しい料理が生まれるきっかけにもなります。

もともと水分が多い夏野菜ですから、焼いたり、揚げたりして水分を抜き、旨みを引き出したものと、みずみずしさをそのまま生かしたものを組み合わせて料理を構成していきます。

暑さが厳しい時期なので、味つけは酸味をきかせてさっぱりと。ヴィネガーをはじめ、トマトや柑橘のさわやかな酸が夏には合う気がします。他にもヨーグルトの酸味と野菜自体の酸を合わせたり、清涼感のある仕立てを意識します。暑さによる身体の負担を和らげられるよう、心を配る時期です。

7月中頃の料理

JUL-01

ほおずき 緑トマト ぶどう きゅうり

—

ハラペーニョやトマティーヨで作ったジュースとにんにくヨーグルトで、ほおずきや緑トマトなど酸味が特徴の野菜や果物を食べる一皿。緑色でまとめたビジュアルも印象的で、ヴェルベーヌ風味のきゅうりのピクルスが清涼感を増幅させる。

カマス 茹子

—

オリーブオイルでマリネした焼き茹子の下
に隠れているのは、ふっくらとしたカマス
の塩焼き。脇に添えたほろほろ鳥の白レ
バーのピュレと焦がし玉ねぎのペーストを
ソース代わりに食べてもらう。

アオリイカ パプリカ トマティーヨ

—

歯ごたえを残したパプリカの素揚げと生
のアオリイカの薄切りに、ゴーヤとピーマ
ンのジュースとイカ墨ソースを合わせた。
皿に散らばる緑の点々はパセリのピュレ
を凍らせたもので、冷たいジュースやピュ
レと温めた皿の温度差が印象的。

JUL-04

夏の菜園野菜

P.047 ▷ トマト　ズッキーニ　ゴーヤ

トマトやズッキーニ、ゴーヤ、小茄子など
の夏野菜を焼く、ゆでる、マリネ、ピクル
ス、コンフィチュールなどさまざまに調理。
約25種類の野菜やハーブ、花を駆使し
て、アイーダ農園の「夏」を一皿の中に
凝縮させた。

トマト

夏の畑の主役はやはりトマトで、12種類ほど育てています。酸味や渋み、甘みの特徴が品種ごとに違い、鮮やかな色と複雑さを料理に添えることができます。7月から8月にかけて、1年分のトマト加工品を仕込みます。未熟な青いトマトは塩漬け、ピクルス、コンフィチュールなどに。

加熱調理に適したサン・マルツァーノ系はトマトペースト、ドライトマトやパウダーに。甘みと酸味のあるプチトマトはトマトソースにします。

サイズが大きく、水分を多く含んだクオーレ・ディ・ブエ（牛の心臓という意味です）や桃太郎は透明なトマトウォーターや焼きトマトのジュに。

焼きトマトのジュは焦げるまで焼いたトマトのエキスだけをとったもので、凝縮した旨みに苦みや香ばしさも加わってインパクトのある味になります。冬に煮込み料理に加えたり、魚のスープや、まかないパスタなどにも使っています。

大型の桃太郎系、中型のサン・マルツァーノ系、小型のプチトマトなど12品種を使い分ける。

コンフィチュール、パウダー、ソース、ジュなど加工品の幅も広い。

未熟な青トマトも料理に活用。

JUL-05

緑茄子

—

鮮やかなグリーンが特徴の緑茄子を皮
が真っ黒になるまで焼き、切り目にトマ
ティーヨ、緑トマト、ライムを搾って合わせ
たジュースを流す。熱々の茄子をすぐに
皿に盛り、和芥子入りのフロマージュ・ブ
ランを添えて提供。

villa aida 自然から発想する料理

鮑 つるむらさき おかひじき

—

コンソメで蒸した鮑を1.5cm幅の薄切り
に。鮑の肝風味のほろほろ鳥のジュを流
し、つるむらさきとおかひじきで食感に変
化をつけた。つるむらさきの下にブロード
で炊いた黒米を挟み、複雑味を出す。

オクラ 湯葉

—

塩ゆでしたオクラに湯葉をのせ、塩を
ふった。ポイントは「約7分」というオク
ラのゆで時間で、十分に火を通すことで
柔らかな食感と甘みを引き出すのが狙い。

villa aida　自然から発想する料理

JUL-08

シェーヴルチーズのラヴィオリ
ひまわり ▶ P.052

濃い黄色とオレンジ色が目にも鮮やかな
ひまわりの花びらをはちみつとレモンで和
えて、山羊乳チーズのラヴィオリにまとわ
せた。花びら自体にはほとんど味はなく、
「調味料の味に染められるので使いやす
い」という。

ひまわり

「ひまわりの花が食べられる」と教えてくれたのは小川農園の小川武毅さんです。それを聞いて、僕も畑に植えてみました。ひまわりが咲き始めるのは6月中旬から。花びらを試食してみたところ、それ自体に特徴的な味はなくて、調味料に染めて使うのに向く感じです。

ヴィネガーやオイルでマリネして食材にまとわせれば、味と見た目の両面でいいアクセントになります。

花の色や大きさが異なるいくつかの品種を植えたのですが、写真のように濃いオレンジに黄色が差し色になっているツートンカラーのタイプが、見た目も華やかでとくに気に入っています。

ひまわりが咲いていると畑がきれいに見えますし、一気に夏っぽくなるのもいいところです。

お気に入りのツートンカラーのひまわり。乾燥させれば種も取れる。

JUL-09

西瓜のグラニテ

—

夏の暑い盛りにぴったりの、涼し気な西瓜のグラニテはコアントローの風味がアクセント。溶けやすいので、冷凍庫で冷やした石に盛り、すぐに指でつまんで食べてもらう。

JUL-10

いちじく メリッサ レモン

—

6月のデザートで登場した緑いちじくのコンポートといちじくの葉のジェラートに、この時期はフローラルな香りのメリッサ(レモンバーム)の花や、黒糖をまぶした生姜のシロップ煮を添える。

桃とすもものカネロニ

—

自然農法で作られた桃をコンポートに。横にあるのは酸味が心地よいすもものピュレをすもものシートで巻いた"カネロニ"で、バジルの葉をのせ、すりおろした黒糖とアマゾンカカオをふった。

JUL-12

小菓子

—

右から時計回りにグミの実の砂糖がけ、ブルーベリーのファーブルトン、オリーブの生地にオレンジの皮のシロップ漬けとバタークリームを挟んだバターサンド。バターサンドにはタイムの花をのせて。

料理人仲間

| 仲間と囲むための大テーブル

アイーダの庭には、木製のテーブルが一つ置いてあります。大人が12人ほど一緒に座れる大きなテーブルですが、営業で使うことはありません。年に一度、気候がよくて畑仕事もちょっと落ちついた時期に、料理人仲間を呼んでガーデンパーティーを開く、そのためのテーブルです。もともと、ヨーロッパの田舎のような、ゆったりとした時間の使い方にあこがれていました。気の合う友人とテーブルを囲んで、そこにはさっきまで隣の畑でなっていた野菜の料理が並んでいて、おいしいワインがあって……。それを実現させたくて、仲間を呼ぶようになったのは10年前くら

いからです。

—

このパーティーには他にも目的がいくつかあります。一つは都会で働くシェフにアイーダに来てもらい、畑の野菜を見て、受けた感覚をそのまま料理にするという経験をしてほしかったから。もう一つは、通常の営業のように原価や時間の制約を気にせず、作りたい料理を自由に作れる場が欲しかった、ということです。

普段は厨房にこもっていて顔を合わせる機会がない料理人同士、楽しく交流をできればということで、参加資格は「おいしい料理を作ること」としています。

当日は各自が仕込んできた品を持ち寄ったり、その場にある食材で即興的に料理を作ったり。とくに、畑の野菜を料理に仕立ててもらうのが僕にとっては大きな楽しみです。自分たちが育てた野菜が人の手にかかった時、どんなものが選ばれるか、そしてどんな形に変化するのか、とても興味深いです。

—

参加者は関西のシェフが中心で、手島さん（純也氏。和歌山「オテル・ド・ヨシノ」）、森さん（良之氏。兵庫・西宮「ダ・ルーポ322」）、楠田さん（裕彦氏。兵庫・芦屋「メツゲライ・クスダ」）は、初期からのメンバー。お互いに食べたい料理をリクエストしたりして（「洗練されすぎず、でも野暮ったくないスープ・ド・ポワソン」とか……）、それぞれの料理観を夜中まで語って楽しんでいます。

僕自身、リクエストを受けて「いかにもイタリア料理っぽいパスタ」とか、「ティラミス」を作ったりします。どちらも今の僕の料理スタイルだと、作る機会が少なくなった料理です。でも、久しぶりに作ると、

ティラミスのレシピはP. 223に掲載。

「やっぱりいいな」と実感します。

料理人は料理で会話する

もし僕たちの店が東京や大阪にあったら、料理人同士で交流するのもずっと簡単だったと思います。営業後に飲みに行ってもいいし、ワインの試飲会やイベントで顔を合わせる機会もあるでしょうし。地方に暮らしていると、距離や時間の制約から、そうしたちょっとしたことが、難しくなります。だからといって人と会わずに黙々と働いていたら、気持ちが内に内にとこもってしまうじゃないですか。精神的に孤立しがちな地方の料理人にこそ、そ

の日一日楽しく過ごして、「明日からまた頑張ろう」と思えるような場が必要なんじゃないでしょうか。

僕もこうした集まりを開いたり、外に出るようにしているうちに交友関係が広がって、「フロリレージュ」の川手さん（寛康氏）をはじめ、東京にも気の合う仲間が増えてきました。

フロリレージュは、手島さんからお勧めされて初めて伺った時に、アイーダの野菜をお土産に持って行きました。そうしたら、川手さんがその場で料理して、出してくれて。これまで体験したことのないスピード感でしたし、料理がまたすばらしかった。感動して、店を出た瞬間に手島さん

に電話したのを覚えています。

――

料理人同士って、お互いの料理を食べて「すごいな」と尊敬できれば、それだけでいい関係が築けるんですね。結局料理人は料理でしか会話ができないということでしょうか（笑）。そこがこの仕事のすばらしいところだし、僕自身、仲間の存在に勇気づけられることは本当に多いです。たとえば手島さんは「寛司さんが頑張っているから、自分も和歌山で頑張れる」と言ってくれます。それを聞くとやっぱりすごくうれしいです。お互いにそう感じられる存在でいられるよう、僕も頑張らないといけないな、と思います。

料理解説

JUL-01
ほおずき 緑トマト ぶどう きゅうり

JUL-01

1 … ライム果汁とライムの皮のすりおろし、ハラペーニョ、トマティーヨ、緑パプリカ、オリーブオイルをミキサーで撹拌する。塩で味をととのえる。

2 … ヨーグルトに塩と少量のにんにくのすりおろしを加えて混ぜる。

3 … 皿に1、2を順に流す。周囲にほおずき、皮をむいたぶどう（デラウェア）、半割にした緑トマト、小角切りにしたトマティーヨを盛る。トマティーヨの上にきゅうりのピクルス*の薄切りをかぶせる。ヴェルベーヌの葉を散らす。

＊ ヴェルベーヌで風味をつけたピクルス液にきゅうりを漬けたもの。

JUL-02
カマス 茄子

● カマスと茄子
1 … カマスを切り身にする。塩をふり、身はふっくらと、皮目はこんがりと焼く。

2 … 茄子（千両茄子）を薄切りにしてブラックで焼く。塩、オリーブオイル、バジルでマリネする。

JUL-02

● 白レバーのペースト
1 … ほろほろ鳥の白レバーを塩水に浸けて血抜きする。一晩冷蔵庫で乾燥させる。

2 … 1とコンソメ（P. 222）を真空パックにして51℃の湯煎で加熱する。ミキサーで回してピュレにする。塩で味をととのえる。

● 焦がし玉ねぎペースト
1 … 厚めにスライスした玉ねぎをオーブンで真っ黒になるまで焼く。

2 … 鍋に1とグラス・ド・ヴォライユ*を入れて煮詰める。ミキサーで回してピュレにする。

● 仕上げ
皿にカマスを盛り、茄子をかぶせる。2種のペーストを添える。

＊ 鶏のブロードを1/3量まで煮詰めて冷まし、浮き出た油を取り除いたもの。ソースなどのコク出しに使う。

JUL-03
アオリイカ パプリカ トマティーヨ

JUL-03

1 … 緑パプリカ（10cmほどのもの）を開き、包丁目を入れてオリーブオイルで歯ごたえが残るように素揚げする。

2 … 熱々に温めておいた皿に、ゴーヤとピーマンのジュース*1とイカ墨のソース（P. 222）を流す。

3 … 皿に薄切りにしたアオリイカと1を盛る。ルーコラ、スベリヒュ、トマティーヨのスライスを添えて、パセリの氷*2をのせる。

＊1 ゴーヤとピーマンをスロージューサーにかけたもの。
＊2 さっとゆでたパセリを鶏のブロードとともに冷凍してパコジェットにかけたもの。

JUL-04
夏の菜園野菜
トマト ズッキーニ ゴーヤ

1 … トマト（中玉）を半割にして200℃のオーブンで焼き色がつくまで焼く。

2 … 小型のズッキーニを縦に半割にしてブラックで断面を焼く。塩をふり、オリーブオイルでマリネする。

3 … パプリカを丸ごと250℃のオーブンで10分焼く。裏返してさらに10分焼き、皮をむく。塩をふり、にんにく、オリーブオイルでマリネする。

4 … コリンキーをスライスしてさっと塩ゆでする。レモンオイルで軽くマリネする。

5 … ゴーヤを食べやすい大きさに切り、塩とレモンオイルをかける。

6 … ミニトマト（ブラッディタイガー、カプリエメラルド）をくし切りにして塩をふり、オリーブオイルでマリネする。

7 … みょうがを薄切りして塩をふり、バルサミコでマリネする。

8 … マイクロパプリカを半分に切り、塩とオリーブオイルをかける。

9 … 皿に1～8と適宜に切ったピクルス類（たまご茄子、ひも唐辛子、新玉ねぎ、さや大根、春菊のつぼみ）を盛り、塩で味をととのえたヨーグルト、黄パプリカのピュレ、緑トマトのジャム（ともに解説省略）をたらす。

10 … つるむらさきの葉先、赤オゼイユ、黒オリーブの塩水漬け、ドライトマトの千切り、食用花（アマランサス、レモンバジル、ペンタス、ひまわり、スミレなど）を散らし、ガラムマサラをふる。

緑茄子

1 … 緑茄子を直火にかけて皮が真っ黒になるまで焼く。縦に切り目を入れる。

2 … トマティーヨ、緑トマト、ライム果汁をスロージューサーにかける。

3 … 1を皿に盛り、切り目に2とレモンオイルを流し、粗塩をふる。コリアンダーシードのピクルスとパインセージの葉、マリーゴールドの葉を散らす。

4 … フロマージュ・ブラン250gにシェリーヴィネガー大さじ1と練り芥子10g、塩3gを合わせたクリームを添え、ライムの皮のすりおろしをふる。

JUL-05

JUL-06

鮑 つるむらさき おかひじき

1 … 鮑を掃除し、殻付きのままコンソメ（P.222）とともに真空にかけ、80℃で20分間加熱する。身を取り出す。肝は取りおく。

2 … 鍋に1の肝とひたひたのほろほろ鳥のジュ（P.222）を入れて水分がなくなるまで炊く。肝を低温のオーブンで乾燥させ、ミキサーで回してパウダーにする。

3 … 1の鮑の身を1.5cm幅にスライスし、オリーブオイルをまぶして表面を焼く。

4 … 皿に3を盛り、ブロードで炊いた黒米をのせる。ゆでたつるむらさきとさっと湯通ししたおかひじきをのせ、ほろほろ鳥のジュ（P.222）とオリーブオイルをかける。2の肝パウダーをふる。

JUL-06

JUL-07

オクラ 湯葉

1 … オクラ（ダビデの星）を食べやすい大きさに切り、塩湯で5〜8分ゆでる（柔らかめに仕上げる）。

2 … 温めておいた皿に1をすぐに盛り、湯葉（自家製。温かいもの）をかぶせる。フルール・ド・セル、サマーセイボリー、ねぎオイルをふる。

JUL-08

シェーヴルチーズのラヴィオリ ひまわり

1 … 水切りした山羊乳チーズ（和歌山県産）とバジルをミキサーで回す。

JUL-07

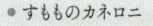

JUL-08

2 … ラヴィオリ生地（P.222）に1を詰めてゆでた後、焦がしバターで和える。

3 … ひまわりの花びらを、レモンはちみつ*で和える。

4 … 2を皿に盛り、3をまとわせる。パルミジャーノのすりおろしをふる。

＊ はちみつにレモンの薄切りを漬けて風味を移したもの。

JUL-09

西瓜のグラニテ

1 … 西瓜500g（種を取った状態）をボウルに入れてザクザク潰す。

2 … グラニュー糖30g、はちみつ60g、コアントロー30g、レモン果汁1/2個分を合わせて1に加え混ぜる。

3 … 2を冷凍し、グラニテ状にする。冷凍庫で冷やしておいた石に盛る。

JUL-09

JUL-10

いちじく メリッサ レモン

1 … 緑いちじくのコンポートといちじくの葉のジェラート（ともにP.040）を器に盛り、胡椒風味のメレンゲを添える。

2 … いちじくの葉のシロップ（P.040）を流し、メリッサの葉、黒糖生姜*、緑レモンの皮のすりおろし、削ったホワイトチョコレートをふる。

＊ 生姜をシロップで煮て黒糖をまぶしたもの。

JUL-10

JUN-11

桃とすもものカネロニ

● 桃のコンポート

1 … 桃を半分に切って種を取る。

2 … 水1ℓ、果糖200g、オレンジ果汁500cc、レモン果汁500ccを合わせて沸かす。

3 … 1と2を真空パックにして、冷蔵庫に1日おく。

JUL-11

● すもものカネロニ

1 … すもものシートを作る。すもものピュレ（後述）700gと水300ccを鍋に入れてベジタブルゼラチン30gを加え混ぜ、沸騰させる。

2 … 天板にシルパットを広げ、1を厚さ1mmほどになるように流す。80℃のオーブンで90分間加熱し、乾燥させる。縦10cm、横8cm

に切る。

3 … 鍋にパッションフルーツの果実と葛粉を入れて加熱し、硬めのピュレを作る。ボウルに移し、生姜のシロップ[*1]を加え、それぞれ4mm角に切った青みかんと生姜のグラニュー糖漬け[*2]を加える

4 … 2で3を巻く。

—

● すもものピュレ

1 … すももを半分に切って種を取る。

2 … 水1ℓ、果糖200g、オレンジ果汁1/2個分、レモン果汁1/2個分を合わせて沸かす。

3 … 1と2を真空パックにして、冷蔵庫で1日おく。

4 … 3を汁ごとミキサーにかけて裏漉しする。

—

● 仕上げ

1 … 器に桃のコンポートを盛る。

2 … 横にすもものカネロニを置き、バジルの葉をのせ、すりおろした黒糖とアマゾンカカオ[*3]を散らす。バジル黒蜜[*4]をたらす。

*1 生姜のグラニュー糖漬け（後述）のシロップを使用。
*2 生姜をグラニュー糖で炊いて、そのまま漬けたもの。
*3 南米・アマゾンから輸入するフェアトレードのカカオマス。
*4 黒糖、水、バジルを鍋に入れて煮詰め、バジルを取り除いたもの。

JUN-12

小菓子

—

● グミ

グミの実に卵白をまぶし、グラニュー糖をまわせて固める。

JUN-12

—

● ブルーベリーのファーブルトン

ファーブルトンの生地（P.096）にブルーベリーとブルーベリーのジャムを詰めて焼く。

—

● オリーブとオレンジ

1 … オリーブの生地（P.222）を2mm厚にのばし、180℃のオーブンで焼く。1cm×8cmの長方形に切る。

2 … 1にバタークリームをぬり、オレンジの皮のシロップ漬け（解説省略）をのせる。もう一枚の1にバタークリームをぬってはさみ、タイムの花をあしらう。

晩夏

8月中旬、暑さの盛りですが、畑では徐々に夏の終わりの気配が漂い始めています。ピーマン、トマト、バジル、きゅうりなどが元気なのはお盆まで。その後は勢いを失って、衰退していきます。

お盆すぎから秋野菜が出始める9月中頃までは、畑の野菜が極端に少なくなり、唯一、茄子だけが元気いっぱいに成長していく……そんな時期です。

茄子は緑茄子、長茄子、タイ茄子、たまご茄子など品種も多く、毎日収穫しきれないほど大量に穫れます。しかもアクが回るのが早いので、使いきれない分はすぐに焼き茄子のジュに加工したり、オイル漬けにしたりして保存に回さねばなりません。

同様に、盛りをすぎつつあるトマティーヨやピーマンも傷づいていたり熟れすぎたものを搾ってジュースに加工します。秋が深まる頃、こうした加工品に、皿の上で二回目の命を輝かせてもらいます。

8月中頃の料理

AUG-01

冬瓜 ⟋ P.071 キウイフルーツ

—

みずみずしい冬瓜をグレープフルーツ風味の
シロップで炊いた後、皮目を炙ってカラメリゼ。
ほのかな柑橘香が印象的なアミューズに仕
立てた。完熟のキウイフルーツを発酵させた、
酸味のきいたジュースを添えて。

P.066 →

AUG-02

ほおずき　パプリカ

—

黄パプリカはしっかり焼いてからパコジェットでピュレに。緑ほおずきはスロージューサーで搾る。パプリカの黄とほおずきの緑が美しい冷たいスープに、塩柚子のコンフィとルーコラの花をあしらって。

ほおずきとトマティーヨ

ほおずきとトマティーヨはともにナス科の植物で、袋のように成長した萼がかわいらしい野菜です。

甘酸っぱいほおずきは、萼の形を生かして盛りつけてもいいですし、ジュースにしてもきれいな色味が楽しめます。品種によってココナッツ系の風味とパイン系の風味があるようで、僕はココナッツっぽい甘い香りの品種を使っています。

一方、トマティーヨは甘みがなく、強い酸味が特徴です。きざんでオイルと和えたり、ピーマン、ライム、きゅうりと一緒にミキサーにかけるなど、そのまま食べるより、ソースや薬味として使うのに適しています。上手に使うと皿の輪郭を際立たせることができます。

どちらも、アイーダの夏の料理に無くてはならない野菜です。

食用のほおずきは観賞用の赤いほおずきとは異なり、黄色く色づいていく。

トマティーヨは中南米の食事に欠かせない野菜。サルサやセビーチェに用いられる。

AUG-03

梨 パルミジャーノ 青みかん

—

梨とパルミジャーノの組合せは、イタリア
で果物とチーズを一緒に食べることから
の発想。ピーマン、青みかん、梨で作っ
たジュースの青っぽい香りで、一皿の料
理にまとめる。

AUG-04

マナガツオ パプリカ
青みかんのジュ

—

こちらも青みかんを用いた品。焼いたマ
ナガツオとパプリカの素揚げ、白ビーツを
重ね、青みかんの香りを移したマナガツ
オのだしを注ぐ。仕上げに牛脂をかけて
コクを出し、にらの花を添えて。

Aug-05

鮎　かんぴょう

—

最近栽培を始めた夕顔の実を加工して、
かんぴょうを自家製。本品では乾燥状態
のかんぴょうにヴィネグレットを吹きかけて
しんなりともとして使った。鮎は鰹昆布だ
しで煮ふくめてから塩焼きに。緑色が鮮
やかなねぎオイルをふって完成。

Aug-06

鹿のコンフィ　いちじく　→ p.68

タイ・エシャロット

—

ジビエは「状態も大きさもその時々で変わ
るので、適した仕立てを選ぶことが大
切」。ここでは猟師が自身で乾燥・熟成
させた鹿のスネ肉を多めの油でコンフィ
にして、硬さを和らげた。タイ・エシャロッ
トの素揚げや生のいちじくを添えて。

いちじく

和歌山県のこのあたりはいちじく作りが盛んで、夏が近づくと店の周囲の畑からも甘い香りが漂い始めます。

アイーダでも、夏の間、デザートで登場する機会がもっとも多い果物かもしれません。僕が好きなのは日本の品種よりも小ぶりで、果実が赤く、味が濃いヨーロッパの品種です。5年ほど前に苗木を数本購入し、店の裏手に植えました。その中で1本だけとても元気に育った木があって、去年、初めて実をつけたんです。果樹は野菜よりも栽培期間が長いので、見つけた時は「あ、できた！」と感動しました。

そのいちじくがすばらしくおいしかったので、「庭のいちじく」と名付けて極力手を加えずに使っています。

葉っぱからもいい香りがするので、アンフュゼしてジェラートやシロップに仕立てます。

アイーダの畑で穫れたいちじく。小ぶりだが、「驚くほどおいしいです」（小林氏）。

リコッタのラヴィオリ

P.074 ½ **コリンキー**

—

まだ若いコリンキーのコリコリした歯ごた
えと、自家製リコッタを詰めたラヴィオリの
柔らかな食感の対比が印象的なパスタ
料理。ほろほろ鳥のジュの力強い味わ
いが全体を包み込む。

かぼちゃと瓜

かぼちゃは、主に栗カボチャ系を育てています。かぼちゃやさつま芋は育てるのにあまり手間がかからず、野菜が少ない秋に収穫できるので重宝します。

コリンキーはかぼちゃの中でも収穫時期が早く、6月から使い始められます。手の

ひらサイズでかわいらしく、若いうちは生食もできる、クセが少ない品種です。僕はさっとゆでて、コリコリした歯ごたえを生かすことが多いです。

冬瓜もかぼちゃと同じウリ科の植物です。保存性が高くて、冷暗所に数ヵ月置いて

も傷みません。文字通り「冬まで貯蔵できる瓜」です。無色透明な実に味をしみ込ませるおもしろさがあり、料理にもデザートにも使える素材です。

同じくウリ科の植物である夕顔は、かんぴょうに加工して使います (P.086)。

8月下旬のある日に穫れた、かぼちゃと瓜の仲間。

ぶどう 黒糖 バジル

—

巨峰の果汁と赤ワインを煮詰めて固めた
シートにマスカルポーネを添え、ぶどう（藤
稔）の果実をのせた。自家製のバジル風
味の黒蜜が複雑味をもたらす、「料理と
スムーズにつながるデザートです」。

Aug-09

チーズ　庭のいちじく
ビーツ　胡桃

—

店の裏手のハーブ畑に数本だけ生える
いちじくの木に実った果実を、「それだけ
でめちゃくちゃおいしかったので」、そのま
ま皿にのせた。胡桃のカラメリゼ、ビーツ
の砂糖漬け、国産青カビチーズと合わせ
てワインのすすむ一皿に。

夏の畑

すくすく育つ夏の野菜

夏は好きな季節です。何しろたくさんの野菜が穫れますし、ラベンダー、カモミール、ディルなどハーブの花もきれいに咲き、彩りに困ることがありません。6月の終わりからお盆前までが夏野菜の盛りで、きゅうり、茄子、ゴーヤ、ほおずき、トマティーヨ、バジル、モロヘイヤなど色鮮やかな野菜が収穫しきれないくらいに育ちます。豊作であればあるほど、収穫は大仕事です。その日使う量を超えていても、タイミングを逃すと育ちすぎて使えなくなるし、放置すれば畑が荒れてしまいますから、穫りきらないといけません。中でもきゅうりなんて、その日の朝、穫り損ねたら夕方には倍近い大きさまで育っていて、夏野菜の成長力には驚かされます。

日中は35℃近くまで温度が上がるので、よっぽどのことがない限り、畑に出るのは早朝と日没後だけ。昨年はハウスに自動灌水装置を設置したおかげでだいぶ負担を減らせました。それでも毎日2時間の畑仕事は、なかなか大変です。

夏の畑の主役はやはりトマトです。でもトマトは病気になりやすく、うまく育つかどうか毎年不安になるんです。そこで実験的に、さまざまな品種の生育状況を見守りつつ、長い期間収穫できるようにと、時期をずらしていろいろな場所に複数の品種を植えてみることにしました。品種は10種類以上あるでしょうか。それぞれに育つ速さが違うので、青い未熟なトマトや完熟したトマトを自由に選んで使えるのもよい点です。

個人的に好きな夏野菜は、ピーマンやパプリカの仲間です。それ自体にちゃんと味があって、加熱するだけでおいくて、完成された野菜です。だからこそ、料理する時は発想力が試されます。たとえば茄子は塩だけで食べるのもいいけれど、ピーマンやトマトと合わせるとさらにおいしくなります。ピーマンやパプリカにもそんな組合せを見つけたい。すべての野菜はそれだけでおいしいですが、他の素材と合わせてさらにおいしくさせるのが料理だと思っています。

7月になると春から使い続けたいんげん豆や花ズッキーニは勢いが落ちて、名残の風情に。お盆をすぎるといよいよトマトも終わり、気持ちいいくらいに野菜がなくなっていきます。

収穫したら、次は仕分け作業です。その日の営業で使うもの、仲間のレストランからの注文で発送するもの、干したり、漬けたりするもの。これらを品種やサイズごとに分けながら、「次はどんな料理を作ろうか」と考えます。

　夏には夏の、冬には冬の野菜が毎年のように育つサイクルの中で、僕は毎年新しい料理を作りたいと思っています。通常は昼に野菜を見てイメージをふくらませ、夜、ベッドに入ってから頭の中で料理を組み立ててみる。次の日に実際試作して、満足したらメニューに採用という流れですが、いつもうまくいくわけではなく、頭を悩ませています。

—

新たな料理を考える他に、この時期は穫れすぎるほどの野菜をどう消費するかに知恵を絞ることも多くなります。
これまでは、干し野菜を作ってパウダーにすることが多かったんです。嵩が減っ

て収納しやすくなりますから。でも最近は野菜ジュースに凝っていて、ピーマン、トマティーヨ、ほおずき、ゴーヤ、人参、ビーツなどいろいろな野菜をスロージューサーで搾るようになりました。
ピーマンやゴーヤのジュースのちょっと青臭い香りは真夏を感じさせるのに最適ですし、青いほおずきで夏の終わりの季節感を出すのもいいですね。トマティーヨの

ジュースも自然な酸味が夏向きで、ヴィネガーやレモン汁だと強すぎるな、と思う時によく使います。とうもろこしは表面を焼いてから搾ると香ばしさと甘みがストレートに出て、飲んだ人に「とうもろこしってこんなに濃かったっけ?」と驚いてもらえます。

—

ハーブからもいいジュースがとれます。お気に入りはオゼイユで、新じゃが芋のピュレと焼いた鮎を合わせて、蓼酢のイメージでオゼイユのジュースを流したり。お客さまは「鮎の料理」と思うかもしれませんが、僕の中では「苦すっぱいオゼイユのジュースでじゃが芋を食べる」料理です。
野菜のジュースをオイルと混ぜたり、アミューズ代わりの小さなスープにすることも多いです。味、色、季節感と三拍子揃っていて、しかも収穫した食材を使いきった実感を持つことができ、さらに冷凍保存できるので使い勝手がとてもいいんです。このジュースを夏の間に仕込んでおき、野菜の減る秋に備えます。

料理解説

AUG-01
冬瓜 キウイフルーツ

1 … 冬瓜の皮の表面をこそげ取り、ワタを取り除く。適宜に切って10分ほど塩ゆでする。

2 … 水1ℓにグラニュー糖200gを入れて煮溶かす。粗熱がとれたらグレープフルーツ果汁1個分を加える。

3 … 2に1を一晩浸ける。

4 … 3を一口大に切り、皮目にグラニュー糖をふって焼く。

5 … くろもじの枝を添え、キウイフルーツの発酵ジュース*を別添えして提供する。

＊ 完熟したキウイフルーツを潰し、グラニュー糖を適宜加え、常温において発酵させたもの。

AUG-01

AUG-02
ほおずき パプリカ

1 … 黄パプリカをオーブンで焼く。皮をむく。

2 … 1を焼き汁とともにパコジェット専用容器に入れて冷凍し、パコジェットにかけてピュレにする。

3 … 2に塩を加えて温め、水でもどした板ゼラチンを入れてゆるくまとめる。冷やしておく。

4 … ほおずきをスロージューサーにかけて冷やしておく。

5 … 器に4を注ぎ、3をスプーンですくってそっと入れる。きざんだ塩柚子コンフィ*、くし切りにしたほおずき、ルーコラの花、フルール・ド・セルを散らし、レモンオイルをたらす。

＊ 半割りした柚子400g、塩40g、グラニュー糖245gを合わせて1週間以上ねかせたもの。

AUG-02

AUG-03
梨 パルミジャーノ 青みかん

1 … 梨とパルミジャーノをそれぞれ直径3cmの円形にくり抜く。

2 … 青みかん、ピーマン、梨の端材をスロージューサーにかける。塩で味をととのえる。

3 … 器に2を流し、1の梨とパルミジャーノを交互に重ねつつ盛りつける。

AUG-03

AUG-04
マナガツオ パプリカ 青みかんのジュ

1 … マナガツオを切り身にして塩をふる。コンロにグリルパンを置き、その上にさらに鋳物の焼き台を置いて高さを出す。ここにマナガツオをのせて穏やかな遠火で焼く。仕上げに皮目をブラックに押し付けて焼く。

2 … マナガツオのだし*1に青みかんの皮を浸して香りを移す。

3 … 白ビーツを塩ゆでし、レモンコンフィ*2の漬け汁少量とともにミキサーにかける。

4 … パプリカのヘタと種を取り、オリーブオイルで素揚げする。

5 … 1のマナガツオを器に盛り、3をのせ、4をかぶせる。

6 … 2を注ぎ、溶かした牛脂をかけ、にらの花とフルール・ド・セルをふる。

＊1 マナガツオの頭や中骨に塩をして1時間おき、水で洗う。これをレモン、レモングラス、山椒とともに煮出して漉したもの。

＊2 2ℓの水と1kgのグラニュー糖でシロップを作り、冷ます。レモン12個を縦に半割りにして塩225gをまぶし、シロップに漬け1ヵ月以上ねかせたもの。

AUG-04

AUG-05
鮎 かんぴょう

● 鮎

1 … 鮎を水洗いしてぬめりを取り、踊り串を打って塩をふる。直火で表面を焼く。

2 … 鰹昆布だし（解説省略）に醤油を加えてやや濃いめに味をととのえる。

3 … 1と2を真空パックにして、冷蔵庫に一晩おく。

4 … 3の鮎を取り出して汁気をきり、遠火の直火でじっくりと焼き、中まで火を通す。

AUG-05

● かんぴょう

1 … 夕顔の種を取り除き、白い果肉を幅5cm、厚さ3mmほどにかつらむきする。

2 … 1を重ならないようにザルに広げ、天日で2日間ほど干す（この工程で水分をしっかり抜く）。

3 … 2をバットに並べ、ヴィネグレット（解説省略）を霧吹きで吹きつけ、しんなりするまでしばらくおく。

● 仕上げ

1 … 器にかんぴょうを敷き、ねぎオイルをたらす。
2 … 1に鮎をのせ、ノコギリソウの花を添える。

AUG-06

鹿のコンフィ いちじく
タイ・エシャロット

1 … 鹿の骨付きスネ肉*をソミュール液 (P. 222) に浸けて一晩おく。

2 … 1の肉にオリーブオイルをかけて150℃のオーブンで2時間焼く。30分おきに焼き油を肉にかけ、乾燥を防ぐ。

3 … 2から骨をはずして皿に盛る。素揚げしたタイ・エシャロットとドライトマトをのせ、手で割いたいちじくを添える。オレンジ&コリアンダーパウダー、野菜の炭パウダー、砕いたパルミジャーノをふる。

4 … 焦がし玉ねぎペースト (P. 058) を添え、鹿のジュ (解説省略) を流す。

* 仕留めた後、猟師が自身で乾燥させた鹿の骨付きのスネ肉を使用。

AUG-06

AUG-07

リコッタのラヴィオリ コリンキー

1 … リコッタ265g、サワークリーム30g、パルミジャーノのすりおろし80gを合わせ混ぜる。

2 … コリンキーをくし切りにして塩ゆでする。

3 … ほろほろ鳥のジュ (P. 222) にレモンの葉を加えて軽く煮る。

4 … ラヴィオリの生地 (P. 222) で1を包み、塩ゆでする。

5 … 皿に4のラヴィオリと2のコリンキーを盛り、3のジュを流す。オリーブオイルをかけ、パルミジャーノのすりおろしをふる。

AUG-07

AUG-08

ぶどう 黒糖 バジル

1 … ぶどうのシートを作る。ぶどう (巨峰) の果汁500ccと赤ワイン500ccにベジタブルゼラチン35gを溶かして沸かす。シルパットに広げ、90℃のオーブンで1時間半加熱する。冷めたら10cm角に切る。

2 … 皿にマスカルポーネを敷き、バジル黒蜜*とはちみつを流し、ぶどうのシートを立体的になるようにかぶせる。

AUG-08

3 … 皮をむいて半割にしたぶどう (藤稔) をのせ、紫バジル、アマゾンカカオ、黒糖を添える。

* 黒糖、水、バジルを鍋に入れて煮詰め、バジルを取り除いたもの。

AUG-09

チーズ 庭のいちじく ビーツ 胡桃

青カビチーズ (日本産)、半割にしたいちじく、キャラメリゼした胡桃、ビーツのグラニュー糖漬け (P. 019) を皿に盛る。

AUG-09

villa aida　自然から発想する料理

秋暑

お盆をすぎた頃、ヒグラシやツクツクボウシが鳴き始め、空を見上げるとうろこ雲になっていて、夏の終わりを意識します。9月に入ってもまだまだ残暑が続きますが、その一方であぜには赤い彼岸花やピンク色のコスモスが咲き、秋らしさが増してきます。

畑では冬瓜や夕顔、かぼちゃが実り、トマトやきゅうりなど果菜類も引き続き収穫できます。しかし野菜が多い時期ではありません。それを見越して仕込んでおいた保存食品を使って、より深く、季節の流れを感じられる料理にするよう心がけています。

メニュー作りに苦労するせいで、あまりいいイメージのない季節でしたが、最近は野菜が無いなら無いなりに、同じ素材でも料理法を変えてやればいいと割り切れるようになりました。ようやく、そう思えるだけの経験と自信を持つことができたのかもしれません。

9月下旬、夏野菜の撤収を済ませたら、もう秋はすぐそこです。時期外れの台風が来ないことを願いつつ、冬野菜の種蒔きの準備を進めます。

9月初めの料理

SEP-01

ドライトマト ひも唐辛子 オリーブ

—

口の中でサクッと砕けるドライトマトはプチトマトをまるごと食品乾燥機にかけたもの。ピクルスにしたひも唐辛子には辛みはなく、ししとうに似た味わい。

アオリイカ フェンネル ポワロー

———

ポワローは生育に時間がかかるため以前は栽培していなかったが、畑が広がったのを期に栽培を開始。さっとゆでてから焼き色をつけたポワローとフェンネルに、ねっとりしたイカを合わせ、コンソメとベルガモットオイルを流した。

根菜

—

ビーツ、さつま芋、じゃが芋、ごぼう、大根、菊芋——夏も盛りをすぎ、秋に向かって甘みを増してきた根菜類を、豚の頭と豚足のテリーヌを敷いた皿に盛った。根菜と相性のいいフロマージュ・ブランや和芥子を添えて。

帆立 里芋 長芋 白ごま

—

ナツメグ風味の里芋のピュレを流した器に、牛乳でのばした温かなはまぐりのジュを注ぎ、炙った帆立貝を盛る。仕上げは長芋の角切りと白ごまペースト。ねっとりした素材同士が合わさって、味わいに奥行きが生まれる。

鮑とかんぴょう $\rightarrow$ P.286 のリゾット

—

蒸し鮑の身は角切りに、肝はコンソメとともにミキサーにかけてソースに。黒米のリゾットと合わせて、濃厚な味わいの「前菜的なリゾット」が完成。味つけしていないかんぴょうが色と食感のアクセントに。

かんぴょう

かんぴょうの原料となるのが、夕顔の実です。2018年に初めて植えて、収穫できたのは10個ほどですが、ちゃんと直径30cm弱の丸い実がなりました。試しに生で食べてみたところおいしくはなくて、やはり干して食べるものだなと感じました。

最初、干し方がわからなくて困りましたが、YouTubeで検索したら詳しく解説する動画が出てきたので、ありがたく参考にさせてもらいました。

夕顔の実を5cm幅ほどに切り、種が詰まったわたの部分を取り除いたら、桂む

きをするイメージで、白い果肉を薄く削り取っていきます。厚さは2〜3mmくらいでしょうか。

これを板の上などにきれいにのばして2日ほど日陰で乾燥させると、かんぴょうのできあがりです。

ウリ科の植物、夕顔。名前の由来は、夕方に白い花を咲かせることから。

夕顔の実を7cm幅ほどに切り、わたを取り除く。

白い果肉を薄い帯状にそぎ切りに。

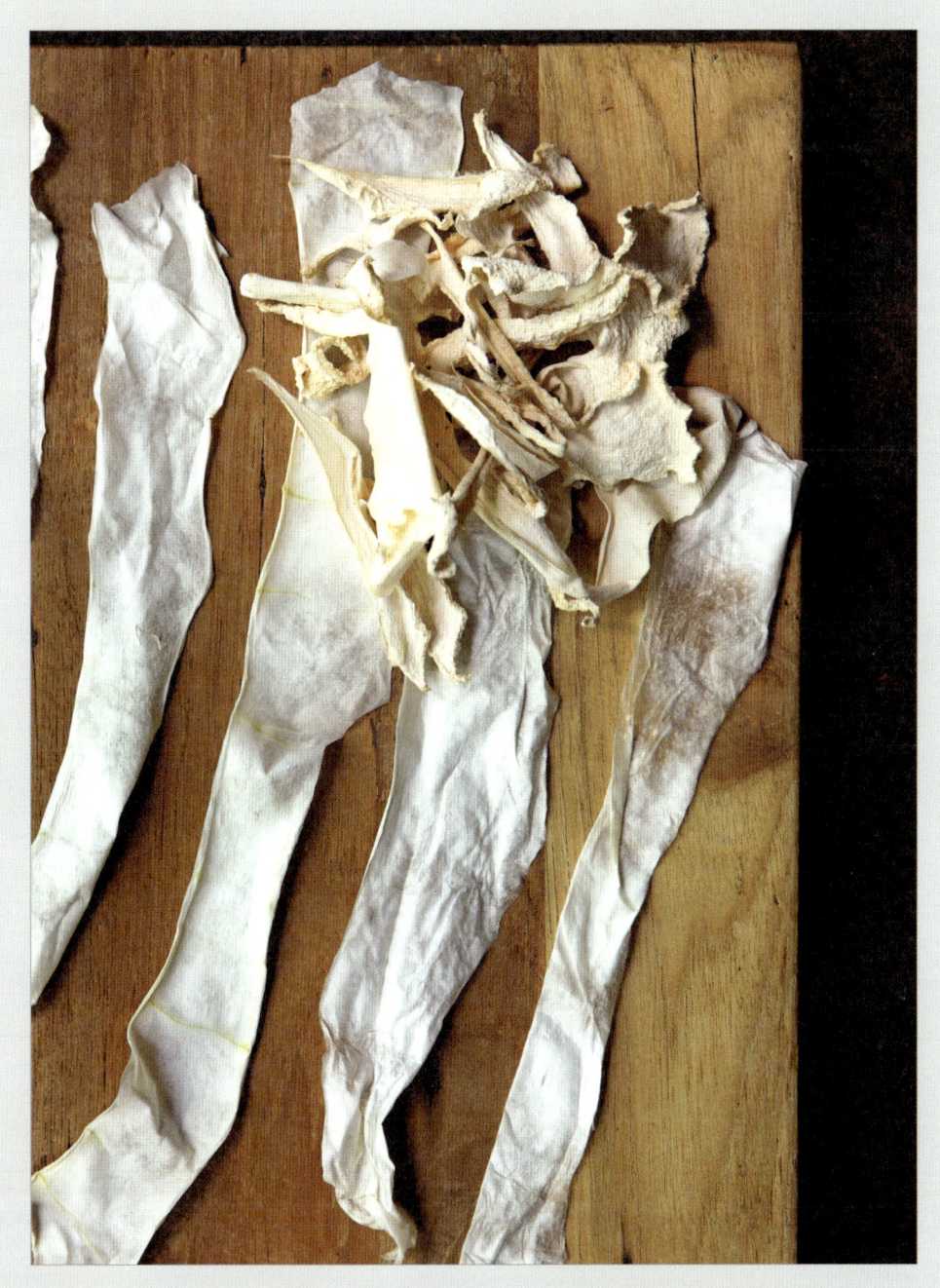

干しあがったかんぴょう。そぎ切りにする厚みによって食感が変化する。

ペンネ じゃが芋 ローズマリー

—

相性抜群のじゃが芋とローズマリーをパ
スタに仕立てた。普段は手打ちパスタを
使うことが大半だが、「この組合せには
歯ごたえがほしい」と、乾麺のペンネを
選択。カリカリになるまで炒めたローズマ
リー風味のパン粉をふった。

鯛 干し野菜 にんにくクリーム

—

畑の野菜が少なくなる秋を間近に控え、
夏の間に仕込んでおいた干し野菜を活
用。パリパリに乾燥させたかぼちゃ、パ
プリカ、トマトを、しっとりと焼いた鯛ととも
に味わう。野菜の灰の黒い色が、干し
野菜の鮮やかな色合いを引き立てる。

Sep-08

熊野牛ランプ　紫人参
紫じゃが芋

——

存在感抜群の紫人参は、バターとレモ
ングラスを熱したココット鍋で、焦げ臭や
苦みが出ないように転がしながら、中心
まで火を入れたもの。ほろほろ鳥のジュ
でごぼうを煮出したソースの土臭さが、
牛肉と人参の甘みにマッチする。

SEP-09

梨 リコッタ
オリーブオイルのジェラート

———

器の乳白色と、そこに収まった氷のほの
かに黄色がかった白とのグラデーション
が美しいデザート。氷は梨のかき氷で、
下にはホエーでのばしたリコッタと、オリー
ブオイル風味のジェラートが潜んでいる。

いちじくの赤ワイン煮
胡桃　米のチュイル

—

暦の上では秋を迎え、旬も終わりに近づきつつあるいちじくを香り豊かな赤ワイン煮に。合わせるのも米のチュイル、ホワイトチョコレート、ダークチョコレートと、秋を感じさせる仕立てに。

小菓子

—

手前は栗のタルト。栗のピュレとバターを同量ずつ合わせ、ラム酒、ブランデーで香りづけした濃厚な「栗バタークリーム」を詰めた。奥はりんごジャムを詰めた小さなファーブルトン。

マダムの仕事

ヴィラ アイーダのサービスおよびドリンク担当として、小林寛司氏とともに店を切り盛りする小林有巳氏にレストランの「マダム」の仕事について聞く。

| 自身のビストロを閉めて移住

結婚前は、フランス料理の料理人でした。大阪の玉造で「ル・ピリエ」といういビストロを経営していましたが、2007年にシェフ（寛司氏）と結婚したのを機に店を閉めて、和歌山に移り住みました。もともと私たちは料理人同士の勉強会で知り合った仲間で、料理に対する彼の探求心や野菜の大胆な使い方に私は影響を受けていました。都会から離れた岩出で孤軍奮闘する姿を間近に見ているうちに、手伝いたいと思うようになりました。ル・ピリエのお客さんや友人たちは「せっかく自分の店を持ったのに、閉めるなんてもったいない」と惜しんでくれました。でも不思議と未練はなかったです。それよりも、「この人はこんなにいい料理を作るのに、埋もれたままなのは絶対におかしい」という悔しい気持ちが強かった気がします。

—

当時のアイーダはサービススタッフがいなかったので、私が加わることでシェフに料理に専念してほしいと思いましたし、シェフとお客さまとの間を"通訳"する存在が必要だとも感じました。今ではシェフが1人で料理イベントに参加したり、大勢の前で話をする機会も増えてだいぶ慣れてきましたが、昔は人と話すのが本当に苦手でしたから。

私1人でフロア全体を見るのに不安はありましたが、始まってみると戸惑うことはありませんでした。最初に働いたフランス料理店で3年間サービスのいろはを教えていただいたことや、ソムリエの資格を取ったこと、それにル・ピリエでのオーナーシェフとしての経験も含め、すべてが役に立ちました。

「サービスは柔らかに、押しつけがましくなく」というのが当時から今まで変わらぬポリシーです。イタリアのレストランみたいな、大人っぽくて親しみのあるサービスがお手本ですね。

私たちよりも年長のお客さまも多いので、会話や食事のお時間を邪魔しないように、料理の説明はあえて控えめにしています。もちろん興味をお持ちの方にはくわしく説明しますが、基本的には主素材と付合せ、ソースの内容を伝える程度です。私自身、料理を目の前にして長く説明されると「早く食べさせて！」と思うタイプですし、この場所、この雰囲気ではさりげないくらいがちょうどいいんじゃな

花を活け、テーブルをセッティングする。

villa aida 自然から発想する料理

いかな、と思っています。

｜サポート役、兼ブレーキ役

普段は6時半くらいに起きて、まずネット販売の注文を確認します。自家製のコンフィチュールやピクルス、お米など、レストランに併設したショップ（「ル・ピリエ」と名付けました）で扱う商品をネットでも販売しているんです。遠方の常連さんが定期的に購入してくださるので、朝のうちに発送の準備をします。その後は、毎朝skypeで英会話のレッスンを受けています。外国のお客さまも増えてきたので、対応できるように、と。

――

それが済んだら、店のまわりを散歩して、畑に出ます。畑やあぜを眺めて、つくしが生えてきたなあ、とか、もう豆も終わりだな、とか、季節の移り変わりを感じるのが好きですね。いい花が咲いていれば摘んできて、お店のテーブルに飾ったり。

花はシェフも好きで、私が活けると「なんか違う……」とほとんど直されますが（苦笑）、季節感を花からも感じていただけたら、と思っています。その後はお昼の予約があれば営業に備え、午後はまかない、ワインの発注や果実酒の仕込み、ディナーの準備という流れです。

――

ワインはイタリア、フランスの自然派と、生産者を訪ねて選んだ日本のワインを中心に用意しています。最近は、ボトルより、グラスでのペアリングのほうがよくオーダーされます。ペアリングは事前にコースを試食して、「料理とワインを調和させるならこのワイン、意外性や驚きを出すならこのワイン」というようにシェフと相談しながら決めています。

でも、提供直前に料理の仕立てがガラリと変わることも少なくありません。そんな時は大慌てで変更点を確認して、代わりのワインを探して、抜栓して。とっさに選んだワインが料理とぴったり合って、お客さまが喜んでくださるとやっぱりうれしいです。

――

料理もそうですが、店作りのことでも畑のことでも、シェフはアイデアが浮かぶと脇目も振らず突き進む性格です。それを時にサポートし、時にさりげなくブレーキをかけるというのも、私の大事な仕事かなと思っています。

お手製のコースターやナプキンリング。

料理解説

SEP-01

ドライトマト ひも唐辛子 オリーブ

ドライトマト（プチトマトをまるごと食品乾燥機にかけたもの）、オリーブの塩水漬け（P. 139）、ひも唐辛子のピクルス（解説省略）を皿に盛る。

SEP-01

SEP-02

アオリイカ フェンネル ポワロー

1 … アオリイカ（小さなもの）の薄皮をむき、片面のみプランチャでごく短時間焼く。適宜の大きさに切る。

2 … ポワローとフェンネルの茎を適宜に切り、さっと湯通しする。プランチャで焼き目をつける。

3 … 皿にすりおろしたわさびを塗り、コンソメ（P. 222）を流し、1と2を盛る。フロマージュ・ブランを添え、にらの花を散らし、ベルガモットオイルをたらす。

SEP-02

SEP-03

根菜

● コッパ・ディ・テスタ

1 … 豚の頭肉と豚足を塩ゆでし、肉をほぐす。ソミュール液（P. 222）に一晩浸ける。

2 … 1の肉類を鶏のブロード（P. 222）で柔らかくなるまで炊き、直径10cmほどの円柱形の容器に入れて冷やし固める。

● ビーツ

1 … 皮をむき適宜に切ったビーツ、塩、バターを真空パックにして湯煎で火を入れる。提供前に鍋に移して温め、グラニュー糖とシェリーヴィネガーで味をととのえる。

2 … さつま芋（シルクスイート。小さなもの）を厚さ7mmの輪切りにして、ビーツと同様に熱する。

3 … じゃが芋（小さなもの）を皮付きのまま塩ゆでし、薄切りする。

4 … ごぼうを薄切りし、わさびのすりおろしを加えたシロップで炊く。

5 … 鍋に厚さ7mmの半月切りにした大根、薄切りした菊芋、くし切りにした玉ねぎ、シナモンリーフ、オリーブオイル、水を加えて加熱する。野菜類の食感が残る程度に火が入ったら、2のさつま芋と3のじゃが芋を入れて温める。

6 … 皿に薄切りにしたコッパ・ディ・テスタを

SEP-03

敷き、和芥子と塩、シェリーヴィネガーを加えたフロマージュ・ブランを添える。1のビーツと5の野菜類を盛る。きざんだ新玉ねぎのピクルスとコリアンダーシードのピクルスを添え、クローヴ＆コリアンダーのパウダーをふる。

SEP-04

帆立 里芋 長芋 白ごま

1 … 里芋（皮付き）を塩ゆでする。皮をむいてつぶし、塩、ナツメグ、5mm角に切ったセロリを加える。牛乳でのばしてピュレにする。

2 … はまぐりのジュ*を鍋にとり、牛乳と生クリームを加えて温める。塩で味をととのえる。

3 … 帆立貝の殻を開けて貝柱を取り出し、塩水に5分ほど浸ける。手で食べやすい大きさに割ってバーナーで軽く炙る。塩をふる。

4 … 器に1のピュレを敷き、3の帆立貝を盛り、2を流す。7mm角に切った長芋、コリアンダー、白ごまペースト（解説省略）を散らし、ねぎオイルをたらす。

* はまぐりを酒蒸しした際に出る汁を使用。

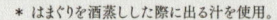

SEP-04

SEP-05

鮑とかんぴょうのリゾット

1 … 鮑を掃除し、殻付きのまま多めのコンソメ（P. 222）とともに真空にかけ、80℃で20分間加熱する。身と肝を取り出す。

2 … 1のコンソメと鮑の肝をミキサーにかけてソースとする。

3 … 黒米を鶏のブロード（P. 222）で炊いてリゾットを作る。

4 … 器に3のリゾットを盛り、1cm角に切った蒸し鮑をのせる。2のソースをハンドミキサーで泡立ててから流し、乾燥させたかんぴょう（P. 076）と蕎麦の実をあしらう。ねぎオイルをたらす。

SEP-05

SEP-06

ペンネ じゃが芋 ローズマリー

1 … じゃが芋の皮をむき、角切りにする。ペンネとともに塩ゆでする。

2 … 鍋ににんにくオイルを熱し、ローズマリーを炒め、香りが出たらパン粉を加える。パン粉がカリカリになるまで炒める。

SEP-06

3 … 2に1のじゃが芋とペンネを加えて合わせ、パルミジャーノのすりおろしを加える。
4 … 皿に盛り、再度パルミジャーノのすりおろしをふる。

SEP-07
鯛 干し野菜 にんにくクリーム

1 … 鯛を2人分の大きさの切り身にし、塩をふる。コンロにグリルパンを置き、その上にさらに鋳物の焼き台を置いて高さを出す。ここに鯛をのせて穏やかな遠火で焼く。仕上げに皮目をブラックに押し付けて焼き、二等分する。
2 … 干し野菜（かぼちゃ、パプリカ、トマト）を細切りにする。
3 … クレーム・ドゥーブルに塩と少量のにんにくのすりおろしを加える。
4 … 皿に1の鯛を盛り、3をのせ、2の干し野菜で覆う。オリーブオイルをかけ、紅たでと野菜の炭パウダー*をふる。
* さまざまな野菜の皮を黒焦げになるまでオーブンで焼き、ミルサーで砕いたもの。

SEP-07

SEP-08
熊野牛ランプ 紫にんじん 紫じゃが芋

● 熊野牛ランプ
1 … 牛（和歌山県産黒毛和種・熊野牛）のランプを300gほどの塊に切り出し、常温にもどしておく。
2 … コンロにグリルパンを置き、グリルパンより10cmほど高い場所に鋳物の焼き台を渡す。コンロを点火し、焼き台をじんわりと温めておく。
3 … 1の肉に塩をふり、フライパンで表面を焼く。肉を焼き台に置いて面を返しながら30分間ほどかけてミディアムに焼く。

● ソース
ほろほろ鳥のジュ（P.222）にごぼうのジュ*1を加えて火にかけ、濃度が出るまで煮詰める。塩で味をととのえる。

● 紫にんじんと紫じゃが芋
1 … ココット鍋にバターを熱し、レモングラスを入れて香りを立たせる。
2 … 1に丸ごとの紫ニンジンと皮付きのまま半

SEP-08

割にした紫ジャガイモ（シャドークイーン）を入れて、焦げて苦みが出ないように絶えず転がしながら、中心まで火を入れる。

● 仕上げ
1 … 焼き上がった熊野牛ランプから1人分（60gほど）を切り出し、断面を上にして皿に盛る。
2 … 大ぶりに切った紫にんじんと二等分した紫じゃが芋、オリーブオイルで和えたブラッククミンシード*2を添える。紫にんじんと紫じゃが芋にサリエットをのせる。
3 … ソースを流し、粗塩を添える。

*1 ごぼうをゆでた際のゆで汁を漉して取りおき、1/10量程度まで煮詰めたもの。根菜らしい甘みとごぼう独特の土っぽい香りがある。

*2 インドや中東でよく使われるキンポウゲ科のスパイス。パンチのある香ばしい香りが特徴。「クミン」とあるがクミンシードとは別種。

SEP-09
梨 リコッタ オリーブオイルのジェラート

● 梨のかき氷
1 … 梨の皮をむき、半割にして種を取る。水1ℓ、グラニュー糖200g、オレンジ果汁1/2個分、レモン果汁1/2個分で作ったシロップとともに真空にかけ、冷蔵庫に半日おく。
2 … 1の梨を取り出し、冷凍する。提供直前にかき氷機で削る。

SEP-09

● オリーブオイルのジェラート
1 … タピオカスターチ24g、水200cc、グラニュー糖20gを鍋に入れて火にかけ、ネバネバになるまで混ぜる。
2 … 別鍋に牛乳200cc、水200cc、グラニュー糖180gを入れて沸かす。
3 … ボウルに1を入れ、2を注ぐ。よく混ぜてからオリーブオイル80ccを加える。粗熱をとり、パコジェット専用容器に入れて冷凍する。
4 … 提供直前にパコジェットにかける。

● 仕上げ
1 … 自家製リコッタにグラニュー糖を加えて甘みをつけ、ホエーでのばす。
2 … 器に1を流し、オリーブオイルのジェラートをのせる。
3 … 梨のかき氷をたっぷりとのせる。

いちじくの赤ワイン煮
胡桃 米のチュイル

● いちじくの赤ワイン煮

1 … 赤ワイン750cc、グラニュー糖125g、シ
ナモン1本、ヴァニラビーンズ（さやごと）1本、
レモン果汁1個分、オレンジの皮3cm分、カ
ルダモン1粒、黒粒胡椒4粒を鍋に合わせ
て沸かす。

2 … 1にいちじくを加えて10分煮る。

● 米のチュイル

1 … 米をおかゆくほどの柔らかさに炊き、薄
くのばして低温のオーブンで乾燥させる。

2 … 1をオリーブオイルで素揚げする。

● 仕上げ

1 … 皿にいちじくの赤ワイン煮といちじくの葉
のジェラート（P.041）、胡椒風味ののメレンゲ
（解説省略）を盛る。

2 … 皿の余白に砕いたホワイトチョコレート、
カカオニブ、紅茶葉を添える。

3 … いちじくの赤ワイン煮にホワイトチョコレー
トのすりおろしをふりかけ、いちじくのジェラート
に米のチュイルを添える。カカオのグリッシー
ニ（P.019）を添える。

SEP-10

小菓子

● 栗のタルト（手前）

1 … カカオのパートを作る。薄力粉200g、
バニラシュガー200g、松の実150g、カカオ
パウダー50g、オレンジの皮（ドライ）1個分、卵
白3個分を合わせてフード・プロセッサーで
撹拌する。

2 … 1の生地をテフロンシートに置き、ラップ
をかぶせて麺棒で薄くのばし、丸くくり抜いて
冷凍する。

3 … 2を取り出して直径3cmのタルトレット型
に敷く。同じタルトレット型をのせて空焼きする。

4 … 栗バタークリームを作る。栗のピュレ
250g、バター250g、卵黄1個分、グラ
ニュー糖、ラム酒、ブランデー各適量をミキ
サーで撹拌する。

5 … 3に4を流し、塩をごく少量ふる。カカ

オパウダーをふる。

● ファーブルトン（奥）

1 … 牛乳250ccと生クリーム50cc、ヴァニラ
ビーンズ（さやごと）1/4本を加え、沸騰直前ま
で加熱する。漉す。

2 … ボウルに卵黄5個分とグラニュー糖35g
を入れてもったりするまで混ぜる。

3 … 2にふるった薄力粉16g、ベーキングパ
ウダー2g、コーンスターチ5g、塩3gを加え
て混ぜる。

4 … 3に1を少量ずつ加えながらよく混ぜる。

5 … 直径3cmのシリコン型に4の生地とプラ
ム、りんごジャムを入れて180℃のオーブンで
25分焼成する。

6 … 冷めたら粉糖をふる。

SEP-11

秋涼

10月に入ると、ようやく少し涼しさを感じるようになります。すごしやすい時期です。

この間に秋冬野菜の種を蒔いたり、稲刈りが終わった田んぼを畑に転用するために耕したりします。最近は大きな台風がやって来るのが心配で、何をいつ、どこに蒔くかいつも悩まされます。

和歌山では、いろいろなところから初物のみかんが届く時期でもあります。まだ熟していない青いみかんは、秋の風物詩。皮をすりおろしていると、子供の頃の運動会の思い出がよみがえり、「秋の香り!」としみじみ思います。冬にかけて八朔や文旦など柑橘の種類がどんどん増えていきますし、まさに「柑橘王国和歌山」って感じです。

10月下旬、ビニールハウスではすでに冬野菜やハーブの新芽が芽吹き、畑ではそら豆やすいえんどうの種蒔きが始まります。翌春に向けて着々と準備を整えます。

10月中頃の料理

Oct-01

黒米のクッション ディル

ブロードで炊いた黒米をオリーブオイルで揚げて、ふくらんでできた空洞ににんにくクリームを絞る。ディルの葉を添えて玄米を敷き詰めた器にのせれば、新米の時期ならではのアミューズに。

猪のリエット
鹿と干し大根のスープ
——

ジビエのスネ肉や首肉を活用した2品。手前の猪のリエットはほうじ茶のチュイルに盛って実山椒とサリエットをのせる。奥のスープは、鹿のミンチで澄ませたコンソメ。揚げた鹿のスネ肉やゆで大根、干し大根を浮かべた。

大豆 黒枝豆 ⇗ P. 105 ディル

セージバターでソテーした大ぶりな黒豆の枝豆と、作りたての汲み上げ湯葉。同じ「大豆」同士の食感の違いをテーマにした一品で、仕上げには乾燥枝豆のパウダーをふる。ポーションを小さくすればアミューズとしても提供できる。

たっぷりのセージバターで黒枝豆をソテーする。

黒枝豆

枝豆は、農業をしている父が毎年育ててくれています。丹波の黒豆系の、粒の大きなタイプで秋口の9月〜10月に食べ頃を迎えます。

味は非常に濃くて、一言でいうと「しっかりした豆」。これに慣れると普通の枝豆は物足りなくなってしまいます。ストレートに味わってほしいので、シンプルな味に仕立てるよう心がけています。

11月になると、枝豆のシーズンも終わりです。豆が固くなってきますから、根っこから引っこ抜いて干し、乾燥黒豆にして保管します。

この乾燥黒豆を蜜煮にして、お世話になった皆さんに送るのが年末の定例行事。店でも、蜜煮を再度乾燥させて小菓子にしたり、パウダーにしてきな粉を作ったり、さまざまに活用します。

粒揃いの黒豆枝豆。「シェフ仲間からも粒が大きいと言われます」。

株ごと引き抜いて吊るし、干す。2週間ほどで完全に乾燥し、振ると豆が落ちてくるようになる。

人参 / P. 105 白ビーツ さつま芋
チョコレートコスモス

—

人参を厚く切って鴨の脂で焼き、甘みを
引き出した。その甘みに寄り添うように、
人参のジュースとフロマージュ・ブランで
作ったふくよかなソースを流す。ターメリッ
ク入りのさつま芋のピュレを添えて。

里芋 長芋 ごま ストリドーロ

—

ブロードでのばした里芋のピュレに小角
切りにした長芋を浮かべた、温かでなめ
らかなスープ。ごぼう、蓮根、里芋の皮
のフリットを浮き身にして、秋らしい香ばし
さを出しつつ食感のアクセントに。

人参

甘いだけの人参が嫌いです。土臭さもある人参がほしくていろいろな品種を試し、現在は黄、白、赤、紫、小型のパリジェンヌと、色や形の異なる5種類を育てています。

人参はどんな食材とも相性のいい野菜だと思います。他の野菜とも合わせやすいですし、肉、魚、貝など本当に何にでも合わせられます。

調理法も同様で、生、焼く、蒸す、ゆでる、搾る、乾燥させるなど、どう調理してもおいしくなります。

僕はスパイスやハーブとともにバターや鴨脂、鶏の脂で焼いて、香りとコクが感じられる仕立てにすることが多いです。

新芽、葉、花、種と成長のすべての段階で使うことができますし、他にはない個性のある野菜です。

ころんとした形が目を引く、長さ3cmほどの小さな人参、パリジェンヌ。

白人参と赤人参。他に、一般的な五寸人参もジュース用に栽培する。

ビエトラ　イラクサ
サワラ　柿酢バター
——

セロリや小蕪がサワラに負けない存在感を発揮する、「野菜が主役の魚料理」。自家製の柿酢で作るブール・ブラン風ソースがビエトラとイラクサを合わせたピュレのほろ苦さを和らげる。

OCT-07

フェンネル レモン ♪ P.108

フェンネルのブランマンジェと、メレンゲ
ベースのレモンのスープの組合せ。スー
プには転化糖、グラニュー糖、粉糖、水
飴と多様な糖を使い、イタリアの伝統菓
子「デリツィア・アル・リモーネ」を思わせ
る複雑な甘さを表現した。

OCT-08

柿 みかん

とろとろの完熟柿に白バルサミコをかけ
て冷凍。パリパリに焼いたガヴォット生地
の筒の中に、凍った完熟柿、歯ごたえ
の残る生の柿、みかんのグラニテ、マス
カルポーネなどを詰めた。柑橘パウダー
と牛乳の泡を添えて。

レモン

レモンの木は、21年前のオープン時に植えた思い出深いものです。南イタリアの雰囲気があり、かつ和歌山の温暖な気候はレモン栽培に向いている、ということで大事に世話をしたところ、毎年実をつけるようになりました。

そんな思い入れのあるレモンですから、果汁だけではなく皮も生かしたくて、塩レモンコンフィやレモンシロップ、リモンチェッロを作ります。

植えた場所が店のすぐ脇のハーブ園なので、使いたい時はすぐに採りに行けるのもいいところです。

一方、果汁が必要な場合は、県内の農家さんから仕入れたレモンを使います。最近は、日本を意識した料理には日本らしい柑橘として柚子を使うことも増えてきたため、昨年苗を植えました。

順調に育てば、数年後には自分で育てたレモンと柚子を使い分けることができるはずです。

アイーダの菜園で穫れたレモン。マイヤーレモンの仲間で、やや丸い形をしている。

レモンのシロップ漬け

—

1 … レモン10個ほどを洗い、皮ごと薄切りにする。

2 … 煮沸消毒した保存瓶に1を並べ、グラニュー糖、はちみつをふりかけ、ローズマリーとレモングラスを加える。これを何度か繰り返し、層にしていく（グラニュー糖の使用量は1kgほど）。

3 … 最後にグラニュー糖をふり、蓋をして常温で1ヵ月ほどおく。

4 … 砂糖が溶けて全体がなじんだら完成。炭酸水やアルコールに浮かべて食前のドリンクに。調味料的に使えばデザートのアクセントになる。

1

2

3

4

リモンチェッロ

—

1 … 水800ccを熱し、グラニュー糖800gを溶かしてシロップを作る。冷ましてから、煮沸消毒した保存瓶に入れる。レモン25個分ほどを洗い、むいた皮を1に加える。

2 … スピリタス（アルコール度数96％）を1ℓ加え、冷暗所で1ヵ月以上おく。

1

2

和歌山の生産者

アイーダは自給自足をめざしていると思われがちですが、そんなことはなくて、普段から県内の生産者の野菜や果物もたくさん使っています。最初の頃は、すべて自分で作ろうとしたこともありましたが、僕1人が頑張って完結する料理では、生産者が必要なくなってしまう。それはおかしなことだと気づきました。地域に元気がなければ、そこで店を続けていくのは難しいですから。今は、生産者とつながりながら地域を盛り上げていきたいという気持ちが強いです。ここでは、アイーダがお世話になっている生産者さんを、ごく一部ですが紹介します。

| 小川農園、小川武毅さんのこと

小川さんとは、10年ほど前に「本業は生姜農家なんだけど、アジアのハーブや西洋の根菜類を作る人がいる」と八百屋さんに紹介されて以来の付合いです。店から車で20分ほどの場所に畑があって、こっちにレモングラス、あっちに黒キャベツがあると思えば、隣では小麦を育てていたり、"紀州大根"という今では見かけなくなった和歌山の伝統野菜を栽培していたり、自由な畑をされています。

—

畑で小川さんと雑談をする時間が僕にとっては大切で、そこから自分の料理や野菜作りにヒントをもらうことが多いです。小川さんの野菜に対して「これはよかった」とか「改良したほうがいい」なんて意見も言いますし、一緒に他の生産者さんの畑に見学に行ったりイベントに参加したり、刺激を与え合っています。

—

小川さんはカルドのように日本ではめずらしいイタリア野菜も作っています。カルドは軟白した茎を食べる野菜ですが、小川さんはまだ軟白の仕方に満足していないみたいで、「もっと白く、もっと太くしてからじゃないと出荷できない」って言います。うちではそんな試作品のカルドをもらって、根っこを料理に使っています。ごぼうやパースニップみたいに土のにおいがして、甘みがあっておいしいですよ。

—

普通の大根や蕪も、うちの畑とはできる時期や大きさが違うので使い分けができて助かっています。とくに去年は天候不順で根菜類の育ちが悪かったので、先に小川さんの野菜から使わせてもらって、うちの野菜が育ってきたら切り替える……という流れでやりくりしました。

| 桃農家、豊田孝行さんのこと

岩出市の隣、紀の川市で桃を栽培しているのが、豊田屋の豊田さん兄弟です。あまり知られていませんが、和歌山県は西日本屈指の桃の産地で、生産量は岡山県より多いんです。

柑橘や梅を栽培する蔵光農園の蔵光夫妻。

豊田屋の清水白桃は品のいい甘さが人気の高級品種。

世界の野菜が所狭しと植えられたビニールハウスで作業する小川農園の小川武毅氏。

豊田さんの農園ではお兄さんの孝行さんは医者として働きながら減農薬・減肥料で白桃や蟠桃を作り、弟さんが営業を担当しています。桃は贈答に使われることが多いので、大きくて形がよく、傷がないことが高く売れる条件だそうです。豊田さんは肥料で大きくしたり、防虫剤を使ったりしないから、そうした桃を作るのは大変なはず。でも、「健康な人間には薬を与えないのに、健康な桃に農薬をまくのはおかしい」と言って、あえて減農薬に取り組んでいます。土地の環境保全にもつながりますし、共感することが多く、親しくなりました。

| 柑橘農家、藏光俊輔さんのこと

日高川町で「藏光農園」を営む藏光俊輔さんは、一言でいうと「情熱ファーマー」。みかんの産地和歌山ですが、柑橘農家は高齢化が進んでいて、日高川町でも耕作放棄地が多いそうです。放っておくと荒れ果ててしまうから、藏光さんは自分の畑とは別に、そうした放棄地を借りて減農薬で八朔や温州みかん、青梅を育てています。

—

他にも、新規就農希望者が農作業を体験できるように宿舎となる古民家を借りたり、地道に地域の農業を盛り立てようとしているところにとても共感します。僕も力になりたくて、藏光農園のネットショップ用の商品開発を手伝ったりしました。

—

藏光農園からは毎年10月頃にみかんが届き始めて、年明けから春にかけて八朔や甘夏を、梅雨時に青梅をもらいます。9月頃に農園を訪ねると色づく前の青いみかんの香りがして、「ああ、秋だな」と実感しますよ。和歌山の人にとって、青みかんの香りは小学校の運動会を思い出させる秋の香りです。

—

藏光さんの作る八朔には2種類あって、一つは1月に収穫する冬の八朔です。それとは別に、4月頃まで樹上で完熟させたのが「さつき八朔」。八朔のイメージを裏切るほど甘くまろやかな味です。そのまま食べるならさつき八朔がおいしいですが、デザートに使うなら僕は冬の八朔が好みです。甘みだけじゃなく、酸味とか苦みとか、柑橘の特徴が全部詰まっていると感じます。

料理解説

黒米のクッション ディル

1 … 鶏のブロード（P.222）で柔らかく炊いた黒米を、3cm角×8mm厚の正方形に成形する。200℃のオリーブオイルで揚げるとふくらんで空洞ができるので、そこににんにくクリーム（P.038）を詰める。

2 … 黒米の玄米（炊いていないもの。飾り用）を敷いた器に1を盛り、ディルをあしらう。

Oct-01

Oct-02

猪のリエット 鹿と干し大根のスープ

● 猪のリエット

1 … 猪の腕肉と首肉を骨ごとぶつ切りにする（骨を抜いた状態で500gくらになる量）。

2 … 猪の背脂200gをミンチにして鍋に入れ、火にかける。背脂が溶けてきたらコンソメ（P.222）を注ぎ、1、ローリエ、シナモンリーフ、原塩12gを入れる。ポコポコと泡が立つくらいの火加減で6時間煮る。

3 … 2の肉を骨からはずしてほぐす。油に戻して保管する。

● 鹿と干し大根のスープ

1 … コンソメ（P.222）に鹿の挽き肉と卵白を加えて澄ます。

2 … 鍋に1を張り、干し大根を入れて温める。塩で味をととのえる。

● 鹿のスネ肉のロースト

1 … 鹿のスネ肉＊をソミュール液（P.222）に浸けて一晩おく。肉を取り出し、フライパンで表面に焼き色をつける。150℃のオーブンで2時間半加熱する。

2 … 1を2cm角に切って小麦粉をはたき、170℃のオリーブオイルで揚げる。

● 仕上げ

1 … 猪のリエットを焙じ茶のチュイル（P.039）の上に盛り、実山椒とサリエットをのせる。

2 … 器に鹿のスネ肉のロースト、ゆでて角切りにした大根と百合根を盛り、干し大根のスープを注ぐ。シナモンリーフと干し大根の薄切りをのせる。

3 … 1を折りたたんだナプキンにのせ、2とと

Oct-02

もに提供する。

Oct-03

大豆 黒枝豆 ディル

● 湯葉

豆乳を鍋にとって温め、浮いてきた湯葉をすくう。

● 黒枝豆

1 … 枝豆（黒豆）を塩ゆでしてさやを外す。

2 … フライパンにバターを熱し、セージを加えて香りを移す。1を入れて熱し、塩で味をととのえる。

● 仕上げ

1 … 皿に温かい湯葉を敷き、黒枝豆とセージを盛り、マイクロセロリ、ミニフェンネルの根、茎、葉をのせる。

2 … ローストして砕いた胡桃、枝豆のパウダーを散らし、ディルオイルをまわしかける。

Oct-03

Oct-04

人参 白ビーツ さつま芋
チョコレートコスモス

● 人参

人参を1cm厚ほどに切り、鴨の脂を熱したフライパンで焼く。塩で味をととのえる。

● ソース

1 … 人参を適宜に切ってスロージューサーにかける。

2 … 鍋にとって温め、フロマージュ・ブラン、バターを加えてモンテする。塩で味をととのえる。

Oct-04

● 付合せ

1 … 白ビーツの皮をむいて水に30分さらす。真空パックにして湯煎で加熱する。くし切りにして、人参を焼いたフライパンで焼き色をつける。

2 … 皮をむいたさつま芋をクチナシとともにゆでる。レモン果汁、ターメリックとともにミキサーにかけてピュレにする。塩で味をととのえる。

● 仕上げ

1 … 皿に人参を盛り、付合せの白ビーツ、小人参（生）の細切り、ラディッシュの薄切りをの

せる。付合せのさつま芋のピュレを添える。

2 … ソースを流し、チョコレートコスモスの葉を添える。柑橘パウダーをふる。

Oct-05

里芋 長芋 ごま ストリドーロ

1 … 里芋の皮をむき、塩ゆでする（皮は取りおく）。鶏のブロード（P.222）とともにミキサーにかけて撹拌する。塩で味をととのえる。

2 … ごぼうを笹がきにする。蓮根を薄切りにする。里芋を皮付きでゆで、皮をむき、四等分する（皮は取りおく）。

3 … 2とむかご、1で取りおいた里芋の皮を180℃のオリーブオイルで揚げる。

4 … 器に1を流し、小角切りにした長芋を浮かべ、黒ごまペースト（解説省略）とキャベツパウダーをふる。3をのせ、ストリドーロの葉を添える。

Oct-05

Oct-06

ビエトラ イラクサ サワラ 柿酢バター

● サワラ

サワラは三枚におろして切り身にし、塩をふる。コンロにグリルパンを置き、その上にさらに鋳物の焼き台を置いて高さを出す。ここにサワラをのせて穏やかな直火で焼く。仕上げに皮目をブラックに押し付けて焼き、二等分する。

● 野菜

1 … セロリを長さ10cmほどに切り、塩ゆでする。バターで和える。

2 … 小蕪を丸のままでさっと焼く。

3 … ビエトラの葉とイラクサをクタクタになるまでバターでソテーする。塩で味をととのえる。

Oct-06

● 柿酢バター

1 … バターを熱したフライパンでエシャロットのみじん切りを炒め、白ワインと柿酢を加えて煮詰める。

2 … バターを加えて溶かし、ハンドミキサーで撹拌する。

● 仕上げ

1 … 皿にサワラと野菜を盛り、ソースを流す。

2 … ノコギリソウとオクサリスをあしらい、トマト＆チリのパウダーをふる。

Oct-07

フェンネル レモン

● フェンネルのブランマンジェ

1 … フェンネルシードひとつまみ、牛乳500cc、グラニュー糖80g、生クリーム300cc、フェンネルの葉適量を鍋に合わせて温め、フェンネルの香りを移す。板ゼラチン2.5g分を水でもどし、加える。

2 … 1を漉して冷やし固める。

Oct-07

● レモンのスープ

1 … サーモミックスに卵白90g、転化糖100gを入れて80℃・スピード3で加熱しながら泡立て、メレンゲを作る。

2 … 1にグラニュー糖120g、粉糖60g、水飴大さじ1を加え混ぜる。

3 … 鍋に牛乳100cc、生クリーム100ccを注ぎ、レモンの皮10個分とブドウ糖60gを入れる。火にかけてレモンの香りを移す。

4 … 2に3とレモン果汁350ccを加え混ぜる。

● 仕上げ

1 … 器にフェンネルのブランマンジェを盛り、ハンドミキサーで泡立てたレモンのスープを注ぐ。

2 … 自家製グラノーラ（解説省略）をふる。

Oct-08

柿 みかん

1 … 完熟した柿の実をスプーンで取り出して白バルサミコを柿の重量の2%分加える。バットに入れて冷凍し、提供直前に取り出して角切りにする。

2 … ソース・アングレーズ（解説省略）にフロマージュ・ブランを加え混ぜる。

3 … ガヴォット生地[1]を作り、長方形にのばしてオーブンで焼く。直径4cmほどの筒に巻きつけて成形し、そのまま冷ます。

4 … みかんのグラニテを作る。みかん果汁800cc、みかんの皮2個分、グラニュー糖40g、生クリーム105cc、卵白65g、グラニュー糖35gをミキサーにかけ、パコジェット専用容器に入れて冷凍する。パコジェットにかけ

Oct-08

てバットに移し、再度冷凍する。提供前に砕いておく。

5 ··· 器に3の筒を立て、筒の底にマスカルポーネクリーム*2を詰める。1と生の柿（歯ごたえのあるもの）の角切り、みかんのグラニテを交互に詰め、2を流す。

6 ··· 筒の周囲に柑橘パウダーをふり、筒の上に牛乳の泡（解説省略）をのせる。

*1 粉糖140g、オレンジ果汁80cc、バター52g、薄力粉122gを合わせて混ぜる。

*2 マスカルポーネ250gに塩3g、はちみつ15gを合わせたもの。

villa aida　自然から発想する料理

秋麗

秋麗とは、秋の陽気が晴れ晴れとしてのどかなことをいうそうです。10月下旬になると、山では徐々に木の葉が黄色や赤に色づいてきます。時には仕事の合間を縫って山に入り、器やインテリアに使えそうな枯れ木や石を探すこともあります。

僕にとっては、野菜の少ない季節が終わり、冬野菜が出てきて心が晴れ晴れとする時期でもあります。

まず黒豆の枝豆の収穫が始まり、11月になれば人参、フェンネル、ラディッキオなども小さなサイズのものが収穫できるようになります。また、ほうれん草、大根、蕪の新芽も出てきて、まさに「秋の芽吹き」。間引き菜も無駄にせず料理に使います。

11月下旬になると、庭のオリーブの木から、完熟した実を収穫します。重曹入りの水に浸し、こまめに水を替えてアクを抜き、塩水に漬ければ、1ヵ月ほどで自家製のオリーブの塩水漬けが完成です。

11月初めの料理

Nov-01

黒枝豆 フェンネルシード 黒胡椒

—

黒豆の枝豆をシンプルに塩ゆでした。味つけはフェンネルシードと黒胡椒のみ（結晶塩は飾り用）だが、胡椒の刺激により、ありそうでなかった一皿に。「フェンネルシードをクミンやコリアンダーに変えてもよく合います」。

白家製パンをこんがりトースト。

豆　パン　オリーブオイル

—

白黒のいんげん豆の煮込みと、塩ゆでした黒枝豆で自家製パンのトーストを食べる一品。小林氏がイタリアで見た豆とパンの料理が原形で、その秋に搾ったばかりのノヴェッロのオリーブオイルでフレッシュな香りを添える。

脂ののった鯖。
皮目をブラックに押しつけて焼き目をつける。

Nov-03

鯖 ヴィンテージポテト^{※ P.121} 蕪

—

春に収穫したじゃが芋を半年ねかせたところ、甘みが増して味わいが深まった。小林氏はこれを「ヴィンテージポテト」と呼び、ピュレなどにして使う。ここでは鯖のだしを注いで旨みをプラス。ねぎオイルをたらし、生の蕪で覆った。

ヴィンテージポテト

じゃが芋は、春と秋の2回栽培できる野菜です。どちらの時期も一気に収穫時を迎えるため、使いきれず、持て余してしまうことがしばしばでした。

ある年、春に穫れたじゃが芋を保存するにしても場所がなく、仕方なく納屋に置きっぱなしにしたことがありました。

秋になって見てみると、芽が伸びてシワシワになっています。こうなると食べられないと思っていましたが、偶然、ヨーロッパの農家の人がわざとこういう状態にして食べていることを知りました。「ヴィンテージポテト」というそうです。

ゆでてみると、味が丸くなり、甘さも増しています。ピュレにすれば非常になめらかに仕上がることもわかりました。じゃが芋の、新しい活用方法が見つかった瞬間でした。

半年ねかせたフランス原産のサッシー（左）と、紫色のシャドークイーン（右）。芽は取り除いて使う。

的鯛 ラディッシュ 蕪 ゆべし

——

焼いた的鯛に、柚子風味のほろほろ鳥のジュを合わせた。蕪とラディッシュを添え、リコッタには千葉県のエコファーム・アサノから届いたゆべしの薄切りをのせて、冬の訪れを予感させる一品に。

Nov-05

猪 大根 根セロリ

—

猪の骨付きバラ肉にスターアニスとグラ
ニュー糖をまぶしてバーベキュー風にロー
スト。ココット鍋で蒸し焼きにした大根を
添えた。根セロリのピュレには、わさびの
すりおろしを少量加えて引き締め役に。

Nov-06

猪 小人参 シナモンリーフ

猪の肩肉とスネ肉に、猪のジュを合わせた。筋の多い部位だが、塩抜きせずに使える程度の薄いソミュール液に漬けた後、真空加熱することで食べやすい食感に。未熟な人参を添えてコリコリした歯ごたえを加えた。

villa aida　自然から発想する料理

Nov-07

柿　マスカルポーネ　ラム酒

—

完熟柿を半透明のシートと白バルサミコ
風味の裏漉しに仕立て、カラメルをまと
わせた生の柿やラム酒入りのマスカルポー
ネと合わせた。柑橘風味のカラメルパウ
ダーやコスモスの花など、トッピングでも
秋らしさを演出。

Nov-08

小菓子

—

北海道・札幌の木型職人にオリジナル
の菓子用木型製作を依頼。たんぽぽの
綿毛やすずらんを象った型に生姜風味
の和三盆糖を詰めて押し固め、落雁を
作った。

冬支度

| 自然の猛威を痛感

2018年の夏から秋にかけて、関西地方は大阪北部地震と台風21号に立て続けに見舞われ、関西空港が冠水するなど大きな被害が出ました。北海道でも大きな地震がありましたし、これほど自然災害が続いた年はあまり記憶にありません。うちの店でも台風21号の強風で客席のガラス窓が割れ、ビニールハウスがつぶれるなどの被害が出ましたが、親しくしている農家にはそれ以上にひどいダメージを受けたところもたくさんあります。みかんや梅などの果樹は強い海風による塩害が心配されていますし、自然を相手に生きることの難しさを感じます。

—

天候に恵まれていれば、10月〜11月の畑は秋野菜の収穫期を迎えています。ただし夏と比べると種類は少なくて、さつま芋、里芋、かぼちゃ、人参など根菜が中心。夏の間、青々としていた畑が、どんどん滋味深くなっていくのを実感します。暑い時は、僕たちの身体はこうした「根っこ」を欲していませんが、徐々に気温が下がるにつれて根菜類をおいしく感じるようになる。うまくできているなと思います。
根菜ばかりというのもメニュー作りに苦労しますが、夏の間に作っておいた乾燥野菜やピクルスなどの保存食品を組み合わせて、季節の移ろいが感じられる料理を考えるようにしています。

| 保存食を作る

オリーブやレモンの塩漬け、果物のコンフィチュール、ドライトマトなどの乾燥野菜、冷凍保存できる野菜ジュースといった自家製保存食品は、僕の料理にとって欠かせない要素です。
中でも活躍する機会が多いのが、さまざまな野菜のパウダーです。ピーマン、パプリカ、フェンネル、黒キャベツなどの野菜を低温のオーブンや食品乾燥機で乾燥させてから粉末にして、砂糖や塩、スパイスを混ぜたもの。色、香り、触感のアクセントになるので調味料としてとても便利です。

—

たとえばキャベツの葉とコールラビの葉のパウダーをブレンドしたり、フェンネルの根とラディッキオの外葉を合わせたり、紫蘇をゆかり風のちょっと酸味のあるパウダーにして魚や肉料理にふったり……。みかんや八朔など柑橘の皮はコリアンダーと混ぜると香りがいいですね。
「野菜の灰」は、黒焦げにした野菜の皮に黒糖と黒胡椒を加えてパウダーにしたもの。複数の野菜を混ぜて灰にすることもあれば、「茄子の灰」のように単独で使うこともあります。

—

ピクルスやアンチョビも、畑に余裕があるこの時期に仕込むことが多いです。さや大根、春菊のつぼみ、たまご茄子……ピクルス一つとっても、うちでしか食べられないものを作りたい。たまご茄子は生で食べるには皮が硬いですが、ピクルスにするとその皮がちょうどいいアクセントになります。真っ白でコロンとした形もかわいくて気に入っています。
アンチョビのオイル漬けは、まだ青いレモンの皮、若いフェンネルの葉、コリアンダーとともにカタクチイワシにべた塩をして、3日間塩漬け。塩を洗い流し、オイルに漬け替えて3ヵ月ほどで使い始めます。

—

仕込んだ保存食がもっとも活躍するのは夏の終わりから秋にかけてです。秋の畑

上｜野菜のパウダーや灰のラインナップ。1から順に、葉野菜の灰＆胡椒＆黒糖、緑パプリカ、紫蘇、黒キャベツ＆エンダイブ、トマト、コリアンダー＆クローヴ、パプリカ、黒オリーブ＆胡椒＆砂糖。

下｜9〜12と15、16はピクルスで、順にたまご茄子、小玉ねぎ、フェンネルの根、春菊のつぼみ、コルニション、さや大根。13はオリーブの塩水漬け、14はアンチョビ。

は端境期で、めぼしい野菜が茄子のみという期間がどうしてもできてしまいます。毎年メニュー作りに悩みますが、今年は、いっそのこといろいろな品種の茄子を使い、作りためた調味料や保存食を駆使して、「茄子尽くし」コースを組んでみようかと思っています。

どうせなら楽しみながら端境期を乗り越えていきたいですね。と言っても、「好きな季節は？」と聞かれたら迷わず「秋以外」と答えますが。

楽しい種選び

その頃、畑では冬野菜の準備もはじまっています。今年の冬は何を作ろうか……とインターネットで種苗店のサイトを見て、おもしろそうな種を探します。

冬野菜を植える前に、夏野菜の種取りと撤収があります。種取りでは茄子やきゅうりからとくに立派に育ったものを選び、乾燥させて、来年に向けて保管します。

撤収は、収穫を終えた野菜を根こそぎ抜いて畑を耕し、畝を作る作業。ここに、根菜ならば直に種を蒔き、葉ものは育苗トレイに種を撒いて苗を作ってから定植します。

以前は父が米作りをしている田んぼの稲刈りが終わるのを待って、空いた場所に冬野菜を植えていたのですが、この2年

ほどで畑が広がったため、作付けの計画がしやすくなるはずでした。収穫が終わった作物から順に撤収し、季節にあった野菜の種を連続して蒔くことで、野菜不足の時期をなくせるのではないか、と。

ところが、台風21号が直撃した影響で発芽したばかりの人参やビーツ、フェンネルの芽が水没したり、飛んで行ってしまい……。なす術もなかったです。ビニー

ルハウス2棟もペチャンコに潰され、冬野菜の準備をすべてやり直すことになりました。

ここ数年は夏の暑さが10月下旬まで続くのが通例なので、台風が去った後に種を蒔き直してもぎりぎり間に合うだろうと思っていましたが、同じタイミングで予想外の長雨が続き……作業が進まず気が焦りました。

かんぴょう作り

いつものように種苗店のサイトを眺めていて、偶然目にとまり、昨年初めて育ててみた野菜に夕顔があります。夕顔の果肉を薄く削いで、乾かしたものが"かんぴょう"です。

それまで自分の料理にかんぴょうを使うなんて考えもしませんでしたが、畑の場所が空いていたのでとりあえず、種を蒔きました。うまくできたらその時考えよう。何か新しい料理ができるかも、という好奇心もあって育ててみました。

いくつか形よくできた夕顔を、まずは生で食べてみたらおいしくない。扱い方を知らなかったので調べて桂むきにして乾燥させると、すごくいい。先人の知恵はすごいと思った瞬間でした。

鮎の料理（p.068）や鮑のリゾット（p.085）に使ってみたところ、いい感じだと思います。干したものにヴィネグレットを吹きかけてもどしただけで、かんぴょうに火を入れていないのがポイントです。かんぴょう自体に味はほとんどなくて、シコシコした小気味いい歯ごたえが特徴。自分で作るので自由に厚みが調節できますし、食感に変化をつけながら、いろいろな料理に活用できそうです。

料理解説

Nov-01
黒枝豆　フェンネルシード　黒胡椒

—

1 … 枝豆（黒豆）のさやの両端を切り、塩湯で5分ゆでる。

2 … 温かい1を熱々にした器に盛り、フェンネルシード、黒胡椒、塩をふる。

3 … 結晶塩を飾りとして添える。

Nov-01

Nov-02
豆　パン　オリーブオイル

—

1 … 白いんげん豆（イタリア産）と黒いんげん豆（スペイン・トロサ産）をそれぞれ一晩水に浸してもどす。

2 … 鍋を2つ用意して、1の2種の豆をそれぞれ浸けた水ごと入れる。それぞれに適宜に切った玉ねぎ、人参、セロリ、ローズマリー、塩を加えて火にかける。沸いたら塩で味をととのえ、豆が柔らかくなるまで煮る。

3 … 枝豆（黒豆）を塩ゆでしてさやから取り出す。

4 … 自家製パンを厚さ1cmほどに切る。両面をカリカリに焼く。

5 … 器に4のパンを置く。2の白いんげん豆の煮汁を漉して流し、新物（ノヴェッロ）のオリーブオイルをかける。2の白いんげん豆と黒いんげん豆、3の枝豆をのせる。

Nov-02

Nov-03
鯖　ヴィンテージポテト　蕪

—

● 鯖

1 … 鯖を切り身にし、塩をふる。コンロにグリルパンを置き、その上にさらに鋳物の焼き台を置いて高さを出す。ここに鯖をのせて穏やかな遠火で焼く。仕上げに皮目をブラックに押し付けて焼く。

2 … 1の鯖を繊維に沿ってほぐす。

—

● 鯖のだし

1 … 鯖の頭と中骨に塩をして30分おく。

2 … 水洗いした1、レモンのぶつ切り、コリアンダーシードを鍋に入れ、ひたひたの水を張って煮出す。漉す。

—

● 仕上げ

Nov-03

1 … 器にヴィンテージポテトのピュレ（P.222）を敷き、鯖を盛る。

2 … 鯖のだしを流し、ねぎオイルをたらす。上に生の蕪の薄切りを敷き詰める。

Nov-04
的鯛　ラディッシュ　蕪　ゆべし

—

1 … 的鯛を切り身にして塩をふり、バターを熱したフライパンで皮目がパリパリになるまでソテーする。

2 … 皿に1、自家製リコッタ、くし切りにした蕪（皮をむく）、ラディッシュを盛る。リコッタに薄く切ったゆべし*を添える。

3 … 柚子オイルで香りをつけたほろほろ鳥のジュ（P.222）を流す。

* 柚子の実の中身をくり抜き、味噌や胡桃を詰めて陰干しした日本の保存食品。千葉県「エコファーム・アサノ」で作られたものを使用。

Nov-04

Nov-05
猪　大根　根セロリ

—

● 猪のバラ肉

1 … 猪のバラ肉（骨付き）をソミュール液（P.222）に一晩浸ける。

2 … 1の肉を取り出し、フライパンで皮目に焼き色をつける。皮目にグラニュー糖をふり、スターアニスをのせて150℃のオーブンで2時間半ほど焼く。その間、溶け出た脂を皮目にかけて乾燥を防ぐ。

3 … 2の肉を取り出し、再度皮目をフライパンで焼く。

—

● 付合せ

1 … 大根の皮をむき、1cm厚の半月形に切る。水、オリーブオイルとともにココットで加熱し、塩で味をととのえる。

2 … 根セロリをゆでて牛乳、バターとともにミキサーで撹拌し、ピュレにする。

—

● 猪のジュ

1 … 猪の骨、端肉をオーブンで焼く。鶏のブロード（P.222）で煮出し、漉す。

2 … 煮詰めた赤ワインを加えてさらに煮詰める。塩で味をととのえる。

—

Nov-05

● 仕上げ

1 … 猪のバラ肉を、温めた猪のジュにくぐらせる。

2 … 皿に1を盛り、付合せの大根と根セロリのピュレを添える。大根にはペンタスとにらの花をあしらい、根セロリのピュレにはチコリパウダーをふる。

Nov-06

猪　小人参　シナモンリーフ

Nov-06

● 猪の煮込み

1 … 猪の首肉、肩肉、スネ肉（骨は抜く）など筋の多い部位を適宜に切り、薄めのソミュール*に一晩浸ける。

2 … 1の肉を取り出してフライパンで焼き色をつける。少量のオリーブオイルをまぶし、真空パックにして150〜160℃のスチコンで加熱する。

● 小人参

1 … ココット鍋にバターを溶かし、さまざまな人参（未熟なもの）をソテーする。少量のグラニュー糖、ローリエ、シナモンリーフ、みかんの葉を加えてともに炒め、香りをつける。

2 … 人参に火が入ったら取り出し、塩と柿酢をふる。

● 仕上げ

器に猪の煮込みを盛り、猪のジュ（P. 130）をかける。小人参をローリエやシナモンリーフごとのせ、ノコギリソウをあしらう。

* P. 222のソミュール液を水で薄めたもの

Nov-07

柿　マスカルポーネ　ラム

● マスカルポーネクリーム

1 … ボウルにグラニュー糖30gと卵黄2個分を入れて湯煎にかけ、もったりするまで混ぜる。マスカルポーネ200gを加え、さらに混ぜる。

2 … 別のボウルに生クリーム200ccとグラニュー糖10gを入れ、七分〜八分立てにする。

3 … 1に2を加え混ぜる。

4 … 3にラム酒でふやかした板ゼラチンを1枚加え、溶けるまで混ぜる。冷蔵庫で冷やしておく。

Nov-07

● 柿のシート

1 … 柿（完熟したもの）の皮をむき、果実を裏漉しする。

2 … 鍋に1と水を同量ずつ合わせ、ベジタブルゼラチンを加えて沸かす。

3 … 2を薄いシート状にのばし、低温のオーブンに1時間半ほど入れて乾燥させる。

● 仕上げ

1 … 柿（完熟したもの）の皮をむき、果実を裏漉しする。白バルサミコとグラニュー糖少量を加える。

2 … 柿（熟しすぎていないもの）の皮をむき、果実を1cm角に切る。カラメル（解説省略）をまとわせる。

3 … 皿に1を流し、マスカルポーネクリームをかけ、柿のシートで覆う。周囲に2を散りばめる。

4 … コスモスの花と紅茶葉を散らし、柑橘カラメルパウダー*をふる。

* グラニュー糖を焦がして飴を作り、乾燥させたみかんやオレンジの皮とともにミルサーにかけたもの。

Nov-08

小菓子

1 … 和三盆糖を生姜の搾り汁で湿らせる。

3 … 菓子用の木型に2を詰めて押し固める。型から外す。

Nov-08

villa aida　自然から発想する料理

向冬

向冬や向寒といった言葉は、かつては11月頃に使われることが多かったようです。冬が近づくのが今よりも早かったからかもしれません。しかし温暖化の影響もあり、今では12月になって、ようやく冬の寒さを少し意識するというのが普通ではないでしょうか。

気温が下がるにつれて、料理にオイルよりもバターを使う機会が増え、身体はスープやコンソメの旨みや温かさを欲するようになります。

12月の畑では、根菜と葉野菜の収穫が始まっています。オレキエッテに仕立てるチーマ・ディ・ラーパは3月くらいまでがシーズンで、ラディッキオは大ぶりに結球したものが出始めた頃です。

一方で、黒豆の枝豆の収穫は11月いっぱいで終わり。最後にまとめて穫り、外に吊るしておくと12月中頃に干しあがるので、ゴザの上でさやを叩いて豆を取り出し、黒豆蜜煮を作ります。煮上がったら瓶詰めして、1年お世話になった皆さんに発送します。

12月終わりの料理

P.138 へ

Dec-01

**オリーブ　ドライトマト
フェンネル根のピクルス**

—

9月のアミューズ（p. 082）のドライトマトがミニトマトであるのに対し、こちらはサン・マルツァーノ系の中型トマトをセミドライにしたもの。フェンネルの根のピクルスは、「『根差す』という気持ちを込めて」、店を象徴する品として提供している。

DEC-02

アオリイカ　フェンネル ～P.140 パセリ

——

小ぶりなフェンネルの茎を斜め切りに、ア
オリイカは2mm厚の薄切りに。これらを
パセリと鶏のブロードを合わせたソースで
食べる、フェンネルが主役の冷前菜。
フェンネルの根と春菊のつぼみのピクル
スで酸味を添える。

オリーブ

店を開いた21年前、玄関先に1本のオリーブの木を植えました。

常緑樹で見栄えがいいし、育ちも早いと聞くし、何よりイタリア料理を象徴する木だと思ったからです。

それがいつしか実をつけるようになり、新しい木も何本か加わって、店で使う分のオリーブの実をすべてまかなえるようになりました。

11月半ば、オリーブの塩水漬けを作ります。完熟したオリーブの実を収穫したら、いったんすべてを重曹水に漬けて、アク抜きをします。1ヵ月ほどの間何度も水を入れ替えて、濁りがなくなったらアクが抜けた合図。その後、4〜5%の塩水にさらに1ヵ月ほど漬け込んで完成です。アミューズでそのまま提供したり、セミドライにしたりさまざまに活用します。

開業時に植えたオリーブの木から実を収穫。今では樹高5mほどにまで育った。

1

2

3

4

5

6

オリーブの塩水漬け

―

1 … 好みの量のオリーブを洗い、煮沸消毒
した瓶に入れる。

2 … 0.8％の重曹水を作る。

3 … 1に2を注ぎ、蓋をして冷暗所におく。

4, 5 … 2日に一度水を捨て、新たに0.8％
の重曹水を注いで保管する。最初は透明な
水にオリーブが浮いている状態だが（4）、
徐々に沈み始め、水が濁ってくる（5）。濁り
がなくなればアク抜きが完了（目安は1ヵ月ほど）。

6 … オリーブを取り出し、洗う。新たに煮沸
消毒した瓶に入れ、4〜5％の食塩水を注
ぐ。1ヵ月ほどで使い始められる。

フェンネル

冬の野菜には思い入れのあるものが多いですが、フェンネルもまた、大好きな野菜です。

独特のさわやかな香りは他にはない魅力で、白い株の部分は、生でも、ゆでても、焼いても、どう調理してもおいしくなります。

茎も生で使ったり、焼いたり、乾燥させたり。葉はアンフュゼしたり、魚のだしを取る時に加えれば絶好の臭み消しになります。

そして、何といっても根っこです。根セロリに似た苦みと香りに加えてフェンネル特

有の甘い香りもあって、本当に香りのいい野菜だなと思います。太い根はピュレやパウダーにします。細い根はピクルスにして「この地に根を張る」という思いを込めて、アイーダの冬を象徴するアミューズとしてお出ししています。

太い根から、細い根が枝分かれしている。
「畑に直播きすると一直線の立派な根になり、苗を植え替えると枝分かれするようです」。

フェンネルの根のピクルス。
コリアンダー、スターアニス、クミンなどのスパイスをきかせている。

茎をきざんで乾かし、ハーブティーに。

葉をスピリタスに漬け込んだ10年もののフェンネル酒（中央）。

清々しい香りのレモングラスは、
乾燥させればハーブティーに。

アシアカエビ リコッタ レモングラス

—

縦半分に切り、片面をサッと焼いたアシ
アカエビに自家製リコッタを添え、レモン
グラスが香る温かなエビのソースをかけ
る。レタス、ナスタチウム、のこぎり草、チ
ンゲン菜の芽、ルーコラなど季節のサラ
ダの緑色が冬らしい印象を深める。

Dec-04

鹿 ごぼう 菊芋

—

鹿のローストに鹿のジュという王道の組合せ。その傍らで主役級の働きを見せるのが菊芋で、中はとろとろ、皮目はカラメリゼされるまで焼いて深い味わいを引き出した。菊芋同様、土の香りがするごぼうの笹がきとともに。

Dec-05

ラディッキオ _{p.145} と菊芋のクレープ

—

パスタ代わりに提供するクレープに、バターでスュエしたラディッキオと菊芋、生のラディッキオ、クリームチーズを挟んだ仕立て。生地はややもっちりした食感で、「苦みと相性がよいので春先にたんぽぽの葉で仕立てることもあります」。

ラディッキオ

ラディッキオもイタリアらしさを強く感じる野菜です。

個人的には、葉の部分より、苦みと甘みがちょうどよく混ざり合った根っこに近い白い部分が好きです。

生でもおいしいですが、火を通すとより「らしさ」が出るような気がして、立派に育ったラディッキオを見るととりあえず焼いてみたくなります。とろとろに蒸し焼きにしてもいいし、強火のブラックでサッと焼きつけるのもいいですね。

ラディッキオは、いつも5種類くらい種を撒きます。薔薇の花のような形になるタイプ、赤と緑、タルディーヴォ、結球するタイプ、白菜のようになる緑のタイプ……毎年、どれかがうまくいっていっぱいできるのですが、狙って作るにはもう少し畑の時間を増やす必要がありそうです。

大きな外葉に守られて育つラディッキオ。

この年は、薔薇の花のような形になる品種がよく穫れた。

Dec-06

ラザニエッテ

—

料理人仲間と「ラザニア大会」を開催した際に作った品がベース。牛スネ肉と豚バラ肉で作るミートソースと軽めのベシャメルソースの相性、キャベツパウダーの色合い、仕上げにふる柚子果汁のさわやかさが相乗効果を生む。

蕪は断面をスキレットに押し付けて
香ばしい焼き色をつけたら、
アルミ箔を敷いて葉とともにオーブンへ。

DEC-07

ハタ 黄金蕪 キヌア

—

黄金蕪（黄色い果皮の西洋蕪）の断面を焼
いてから、葉と一緒にオーブンでロースト。
甘くジューシーな蕪を、脂ののったハタと
黒にんにく風味の豚のジュで味わう。高
級魚のハタだが、ここでは「蕪をおいし
く食べるための付合せです」。

風土を知る

｜ 和歌山の豊かさ

和歌山は豊かな土地です。冬は温暖で雪が降らず、夏はしっかりと暑くなるので作物がよく育つ。野菜、柑橘、魚に加えて豚やほろほろ鳥、熊野牛などの肉もありますし、鹿、猪、ひよどりなどジビエもたくさん獲れます。伝統食品では醤油や味噌は日本最古と言える伝統を有し、県内で手に入らない食材は思いつかないほど。実際、店で使う食材で和歌山県産ではないのはオリーブオイルと塩くらいです。写真の猪は、県内の猟師さんが仕留めた生後3ヵ月ほどのウリ坊です。普段はさばいたものを仕入れるのですが、スタッフの練習のため、毛付きで入れてもらいました。このくらいの大きさだと、肉の味はまだまだ淡白。ローストだと油っけが足りないので、唐揚げのように揚げ焼きにして仕立てます。腿肉は柔らかいので1本丸ごと焼くのがいいでしょうね。骨でスープをとって、頭はゼリー寄せに。皮以外は残さず使いきります。

—

僕は大阪とイタリアでの修業期間を除き、ほとんどの時間を岩出ですごしてきました。でも、和歌山の豊かさに気づくまでには時間がかかりました。独立した当初はイタリアで覚えた料理をイタリアと同じ食材で再現しようとしたり……遠回りしました。そしてお客さんが来なくて苦しんだ十数年前、イタリアでシェフが言っていたことを思い出して、「この土地でしかできない料理を作ろう」と気持ちを切り替えて。そこから、ようやく和歌山の風土や食文化の輪郭が見えてきました。

それは食材の多様さだったり、梅干しや干し大根など保存食の技術の豊かさだったり。昔の人は春や夏に収穫した作物を保存して、食材のない冬を乗りきってきました。同じことを、身の回りにある野菜を使って、レストランのやり方で実践できたら、和歌山ならではの料理ができるんじゃないか？　そこにあるのが当たり前と思っていた素材に光を当てる楽しさ

山で獲れた猪の子、うり坊。

猪の全部位をゼリー寄せ、ムース、スープなどに無駄なく使う。レシピはP. 223。

に気づけたのは、僕にとって大きな意味がありました。

| 風土を反映した料理を作る

それ以来、店が休みの日に県内の生産者を訪ねるようになり、すると先方からも売り込みに来てもらえるようになって、交友関係が広がっていきました。

ちょうど、小川さんや豊田さん、蔵光さん（P. 110）のような、新しい世代の生産者が現れて、和歌山の農業が少しずつ変わり始めた時期でした。それもタイミングがよかったと思います。彼らの頑張りに助けられたり、刺激をもらうことも多かったですから。

温暖化の影響で県内のみかん農家が立ち行かなくなってレモン農家に転業するケースが多いとか、後継者不足で梅農家も減っていて……といった、それまで気に留めていなかった和歌山の農業の状況も肌身で感じられるようになりました。そして知れば知るほど、なぜ和歌山にみか

んや桃があるのか、なぜ梅作りが盛んなのか。歴史的、文化的な背景まで含めた和歌山の風土を体感しながら、料理を作りたいと思うようになりました。

—

今では、メニューの冒頭に「和歌山風味」と書き、その下に、暑い盛りは「陽々緑夏」、残暑の頃なら「夏終未秋」というように、折々の畑の様子を僕なりに表現した言葉を添えるようになりました。

和歌山風味というのは、季節の移り変わりを土地の素材で表現するというアイーダのコンセプトを表したものです。

さらに「おのずから、しかる」という一言を入れることもあります。これは「自然」（「じねん」と読むそうです）の読み下しで、意味は、「おのずからそうあること。本来そうであること」。和歌山の風土が本来そうであるように、そして自分が本来そうであるように料理を作りたいという願いを込めています。

—

僕は辰巳芳子さんの本が好きでよく読むのですが、心に響いた一節があります。

> 「過去に食べてきた身近な自然を、異文化で洗い直し、現代の新しい視点で食べること。これが今後の課題でもあります」[*]

和歌山の風土の中で僕がやろうとしているのは、まさにこういうことです。和歌山とイタリア、2つの風土と文化が混ざったところから、自分のオリジナルも出てくるはずだと思います。

[*]『慎みを食卓に その一例』辰巳芳子、NHK出版、2007

料理解説

Dec-01

オリーブ ドライトマト
フェンネル根のピクルス

● ドライトマト

1 … トマトを湯むきして半割にする。

2 … 食品乾燥機に入れて、セミドライとドライの間ほどの食感になるように乾燥させる。

● フェンネル根のピクルス

フェンネル（小さなもの）の根を下ゆでし、熱湯消毒した保存容器に入れる。熱いピクルス液（P. 222）を注いで蓋をする。3日ほどで使いはじめられる。

● オリーブの塩水漬け

P. 139を参照

Dec-01

Dec-02

アオリイカ フェンネル パセリ

● パセリのソース

1 … パセリをゆでる。水気を絞り、塩で味をととのえた鶏のブロード（P. 222）とともにパコジェット専用容器に入れて冷凍する。

2 … 提供直前にパコジェットにかける。

● 仕上げ

1 … アオリイカをさばき、薄皮をはいでから冷凍する。2mm厚に切る。

2 … 器にパセリのソースを流し、1のイカをのせ、塩をふる。斜め切りにしたフェンネル（間引いた小さなもの）の茎、薄切りにしたフェンネルの根のピクルス、春菊のつぼみのピクルス、にらの花を添える。

Dec-02

Dec-03

アシアカエビ リコッタ レモングラス

● アシアカエビ

1 … アシアカエビの殻をむき、背わたを取り、身を縦に二等分する。

2 … オリーブオイルを塗ったアルミ箔に1をのせて、強火のブラックで片面（殻のついていた面）のみを焼く。塩をふる。

● ソース

1 … 鶏のブロード（P. 222）にアシアカエビの頭と殻を入れて火にかけ、煮詰める。

2 … 1にレモングラス、牛乳、バターを加えてさらに煮詰める。塩で味をととのえる。

● 仕上げ

1 … 器にアシアカエビを盛り、炭パウダー*をふりかける。自家製リコッタを添える。

2 … 1にサラダ（レタス、ナスタチウム、ノコギリソウ、チンゲン菜の芽、ゆでて適宜に切ったコールラビ）をのせる。ソースを流し、ねぎオイルをたらす。

* 黒キャベツとエンダイブを乾燥させ、ミキサーにかけてパウダー状にしたもの。

Dec-04

鹿 ごぼう 菊芋

---

1 … 菊芋の皮をむき、180℃のオーブンでとろとりになるまで焼く（天板に接した側がカラメリゼされるように焼く）。

2 … ごぼうを笹がきにして塩ゆでし、水気をきる。

3 … 鹿のロース肉に塩をふり、フライパンで焼き色をつける。胡椒、シナモンリーフとともに真空パックにして55℃の湯煎で加熱する。取り出してフライパンで表面を焼く。

4 … 器に3を盛り、1、2をのせ、鹿のジュ（解説省略）をたらす。緑茶パウダーをふる。

Dec-04

Dec-05

ラディッキオと菊芋のクレープ

---

1 … ラディッキオをざく切りにして、バターでスュエする。水分が抜けたら豚のジュ（P.222）を加える。塩で味をととのえる。

2 … 菊芋の皮をむき、薄切りにしてバターでスュエする。柔らかくなったら豚のジュを加える。塩で味をととのえる。

3 … クレープ生地*を直径15cmほどの円形に薄焼きして、1と2、生のラディッキオ、クリームチーズを挟む。

* 牛乳420cc、水48cc、薄力粉75g、強力粉75g、全卵180g、塩8g、転化糖30g、バター15gを混ぜて一晩ねかせたもの。ややもっちりした触感に仕上げる。

Dec-05

Dec-03

ラザニエッテ

● ミートソース

1 … 玉ねぎ1個、人参1/2本、セロリ6本を
みじん切りにしてオリーブオイルを敷いた鍋で
炒め、ソフリットを作る。

2 … 牛のスネ肉5kgと豚のバラ肉3kgを
1cm角に切り、強火のフライパンで焼いてしっ
かり焼き色をつける。塩と胡椒をふる。

3 … 1の鍋に2を入れ、白ワイン1ℓとトマト
の裏漉し適量を加え、肉の油が浮いてくるま
で煮る。

● 軽いベシャメル

1 … 鍋に牛乳1ℓ、ホエー150cc、塩12g、
ローリエとナツメグ各適量を入れて火にかけ、
温める。

2 … 鍋にバター100gを溶かし、ポコポコ沸
いてきたところにふるった小麦粉80gを入れ、
すばやく混ぜる（焦げつかないように注意する）。

3 … 1に2を加え、ビーターで混ぜる。パル
ミジャーノのすりおろしを加えて味をととのえる。

● 仕上げ

1 … ラザニアの生地（解説省略）をゆでる。水
に落として冷やし、広げた布に並べてしっか
り水分をとる。

2 … バットにミートソースと軽いベシャメルを流
し、1のラザニア生地、パルミジャーノ、きざん
だモッツァレラとイタリアンパセリをのせる。こ
れを3度繰り返し、冷蔵庫に入れて締めてお
く。

2、1を1人分の大きさに切り、200℃のオー
ブンで焼く。

3 … 皿に盛り、キャベツパウダーをたっぷりと
ふり、ゆず果汁を搾る。

DEC-06

DEC-07

ハタ 黄金蕪 キヌア

● ハタ

ハタを2人分の大きさの切り身にし、塩をふる。
コンロにグリルパンを置き、その上にさらに鋳
物の焼き台を置いて高さを出す。ここにハタ
をのせて穏やかな遠火で焼く。仕上げに皮目
をブラックに押し付けて焼き、二等分する。

DEC-07

● 黄金蕪

1 … 蕪（黄金蕪）を半分に切り、鉄製のフライ
パンで断面を焼く。

2 … 1のフライパンにアルミ箔を敷き、蕪の断
面を下にしたまま180℃のオーブンに移して中
まで火を入れる。この時、黄金蕪の葉も一緒
にオーブンに入れてパリパリになるまで焼く。

● キヌア

キヌア、鶏のブロード（P.222）、水を同量ずつ
合わせてココット鍋で炊く。

● ソース

1 … 鍋に豚のジュ（P.222）を入れて温め、黒
にんにくの裏漉しを溶かし込む。

● 仕上げ

1 … 皿にハタを盛り、黄金蕪とその葉、キヌ
アを添える。豚のジュと泡立てたソース・ブー
ル・ブラン（解説省略）をそれぞれ流す。

2 … ノコギリソウ、サラダバーネット、コリアン
ダーをあしらい、キャベツパウダー、ねぎとキャ
ベツの灰をふる。黒胡椒＆黒糖パウダーを添
える。

villa aida　自然から発想する料理

小寒

小寒とは、1年でもっとも寒さが厳しくなる大寒の一歩手前の季節のことで、概ね1月初旬がそれにあたります。冷たい空気の凛とした雰囲気を料理でも表現したいと思う時期です。

畑ではビーツや人参、大根などの根菜が引き続きよく穫れます。1月の冷たい空気の中、大根を丸ごと1本吊るして干したり、スライスして乾燥させるのもこの頃の仕事。干すことで保存性が高まるだけでなく、味わいが濃縮されて、料理に加えることでより深みが生まれます。

大根と同じようにビーツや人参も干します。これまでにさまざまな根菜を干してみましたが、蕪だけは干すとまずくなりました。「なるほど!! だから世には蕪の干したものがなくて、甘酢漬けなんだ!」と思いました。

先人もいろいろ試したのでしょうか? その中でよりいいものだけが今に残っている。そう感じた経験でした。

1月初めの料理

JAN-01

ビーツ ペッパーベリー ブルーベリー

—

薔薇の花びらのように見えるのは半乾燥させたビーツ。ビーツの薄切りにビール・ヴィネガーを吹きかけ、常温で1〜2日おいて柔らかめに仕上げた。ここにクリームチーズを挟み、ペッパーベリーとブルーベリーパウダーをふる。

アシアカエビ　蕪　オゼイユ

—

大きく育った蕪の細切りと、霜降りしたア
シアカエビを交互に並べ、エビのジュを
流す。ほのかに温かいエビの持ち味を生
かすには「レモンもヴィネガーも強すぎる」
と考え、オゼイユの細切りを合わせた。

ムール　人参

—

カルダモン風味のシロップでさっと炊いた
人参と、瀬戸内産ムールの組合せ。元
はムールではなくみかんを使ったデザート
として考案した一品で、柑橘＆コリアン
ダーのパウダー、クミンシード、ディルの
花を添えて香り豊かに仕上げる。

JAN-04

玉ねぎ アオリイカ トマト

—

オーブンで焼いた玉ねぎから取り出した鱗片に、ごく薄く切ったアオリイカをかぶせて。トロトロの玉ねぎと柔らかなイカをともに味わい、艶めかしい食感を楽しんでもらう。イカ墨のソースとトマトやパプリカのパウダーをふりかけて。

ほうれん草 牡蠣 鮑

—

ほうれん草と牡蠣は小林氏が好む組合
せ。ここでは牡蠣はピュレにして、ほうれ
ん草のソテーにソースのようにつけて食べ
る仕立てに。ほうれん草には蒸し鮑の細
切りや、ごまとチアシードの新芽、フェン
ネルの根のピクルスを散りばめた。

ほろほろ鳥の内臓 じゃが芋

—

和歌山県産ほろほろ鳥の新鮮な内臓を
瞬間燻製し、スパイスとともに真空加熱。
タマリンドで酸味をきかせた焦がし玉ね
ぎのピュレと、じゃが芋のチュイルを合わ
せ、冬らしく濃厚な味わいの前菜とした。

JAN-07

オレキエッテ

P. 161 / チーマ・ディ・ラーパ

——

チーマ・ディ・ラーパを手でちぎってオリーブオイルでソテー。アンチョビを隠し味にしてオレキエッテと和えた。小林氏が毎年作り続け、「この料理だけは何も変わらない」と話す数少ない定番の一品。

チーマ・ディ・ラーパ

冬の葉野菜の代表格、チーマ・ディ・ラーパです。うまく育てば12月頃から使い始められます。
見た目は菜の花と似ていますが、味は似て非なるもの。僕にとって、「チーマといえばオレキエッテ、オレキエッテといえばチーマ」という野菜です。

味ももちろんおいしいのですが、パスタにした時のビジュアルがとても好きです。イタリアの郷土料理らしさがありつつ、今の料理にも見えて、独特の世界観を出せる野菜だと思います。
一方で、単体で生かすのが難しい野菜だとも感じます。レストランで使われてい

るのを見ると添え物扱いが多いですし、僕自身、いろいろな使い道を試しましたが結局パスタに落ち着きました。
ただ、まかないでピッツァにしてみたらとてもおいしかったので、粉やオイルとの相性のよさを生かした仕立てで、新しい料理ができるのではと思っています。

イタリア語で「蕪の先端」を意味するチーマ・ディ・ラーパ。
柔らかでほのかな苦みと甘みがある花と薬先を食べる。

オーブンで乾燥させたごぼう。
ここではパウダーにして仕上げにふった。

小鴨 ごぼう 玄米

—

親交のある宮城・石巻の猟師、小野寺
望氏が仕留めた小鴨をロースト。「鴨も
食べていたかもしれない玄米や黒豆」を
添え、ゆでごぼう、干しごぼうのパウダー、
大根の蒸し焼き、干し大根などさまざま
に仕立てた冬野菜とともに。

キウイフルーツ　レモン
ジン　マリーゴールド
——

果物が少ないこの時期、小林氏が重宝するのが和歌山産キウイフルーツ。角切りにしてジン風味のレモンのジュレと合わせ、イタリアンメレンゲがベースのレモンスープを注ぐ。「スープが多いと酸味のバランスが崩れるので要注意です」。

冬の畑

| 冬の野菜は種類豊富

10月下旬、稲刈りを終えた田んぼを耕して畝を作り、冬野菜の種を蒔きます。冬の野菜はバリエーション豊かで、色とりどりの大根に人参、ラディッキオ、フェンネル、ビエトラ、チーマ・ディ・ラーパ、ほうれん草まで、根菜と葉物が豊富に揃います。続いて11月、翌春に向けてそら豆の種を蒔き、玉ねぎの苗を植えたら年内の畑仕事はほぼ終了。つかの間の秋休みを楽しんだら、あとは育った野菜を収穫するのが主な仕事です。

—

ラディッキオは冬野菜の中でも早めの12月前半から穫れ始めます。まだ秋野菜が残っている時期なので、菊芋（秋が旬ですが、保存がきくので冬も使います）と若いラディッキオを合わせてクレープ（P. 144）を作りました。これは、大阪の「ラ・シーム」で高田さん（裕介氏）が作ってくれて、おいしさに感動した組合せです。見慣れている素材同士なのに、僕にはこの2つを合わせる発想がありませんでした。自分の常識にとらわれてはいけないと痛感した経験でした。

—

現在、野菜、ハーブ、果樹を合わせて150種近くを育てていますが、その中で、「この料理に使おう」と用途が最初から決まっているほぼ唯一の野菜がチーマ・ディ・ラーパです。毎年、オレキエッテを作りたくて育てています。ニンニク、アンチョビと一緒に炒めて、ゆでたオレキエッテと和えてパルミジャーノをふる。これ以上足すものも引くものもない、完成された料理だと思います。

年が明けて霜が降りる頃にはほうれん草やプンタレッラも育ってきます。冬の畑は夏のように切羽詰まった忙しさがなく、徐々に野菜の種類が増えていくので楽しいですね。

| 料理7、畑3の力加減で

冬野菜は暖かさの残る秋に種を蒔き、芽が出た頃に気温が下がるとおいしくなるのですが、最近は温暖化の影響でなかなか寒くならず、野菜作りも思うようにいきません。去年はクリスマス前になっても「ポカポカやなぁ」なんて言いながら半袖

小川農園にて、大根や蕪を品定め。

ヴィラ アイーダのハウスではほうれん草やチーマ・ディ・ラーパが収穫時を迎えていた。

で畑仕事をしていたくらい。すでに秋を感じる機会が減っていますが、このままだといずれ冬もなくなるんじゃないか、と冗談半分で心配しています。

種蒔きのタイミングは本当に難しくて、遅すぎれば育ちが悪くなるし、早すぎるとバッタや青虫に芽を食べられてしまい、蒔き直す羽目になります。2018年はとくに厳しかったです。雨の多い10月だったのでその後一斉に雑草が生えて、9月に植えた苗が全部負けてしまいました。

———

僕らはプロの専業農家ではないので、味、色、形すべてにおいて完璧な野菜を作れるわけではないし、そこを目指してもいません。どんな形であれ野菜ができたらありがたい、という気持ちで、収穫した野菜を見たうえで、適した生かし方を探るようにしています。

力のかけ方としては料理7、畑3くらいがちょうどいい。その感覚を忘れずにいれば、たとえ野菜が完璧ではなかったとし

ても、それを使って記憶に残る料理を作れるんじゃないかと思います。

料理人としては、野菜の出来にばらつきがあるのはいいことでもあります。どうすればよりおいしく食べられるかを真剣に考えますし、収穫時期がずれることで去年とは違う組合せ、違う料理が自然と生まれますから。育ちきらなかった野菜や育ちすぎた野菜が、新作の発想源になることは

よくあります。

たとえば成長途中のカリフラワーの小さな花蕾とか、ほうれん草の太い根っこは、そんなふうにして使うようになりました。ほうれん草の根っこを食べることはあまりないと思います。でも試しに焼いてみたらめちゃくちゃおいしくて。これに限らず根っこは好きで、とりあえず何でも食べてみます。セロリ、コリアンダー、フェンネル……野菜ごとに根っこにも味や香りの違いがあって、おもしろいです。たとえばフェンネルの根はチコリコーヒーみたいな苦みがあっておいしいんです。春菊の根だけは、苦くて太刀打ちできませんでしたけれど。

———

冬の野菜も、夏〜秋と同様に保存食や調味料に加工します。大根や人参は天日と風にあてて干し大根、干し人参に。フェンネルやコリアンダーの根はピクルスに。早春の山菜料理にスライスした干し大根を忍ばせれば、季節の移り変わりと食感の変化を表現できます。

さまざまな品種の大根。

小川農園で軟白栽培中のカルド。

料理解説

JUN-01
ビーツ ペッパーベリー ブルーベリー
—
1 … ビーツ（できるだけ大きいサイズを選ぶ）の皮をむいて厚さ2mmにスライスする。
2 … 1にビールヴィネガーを霧吹きで吹きかけ、温かな場所におく。1〜2日おいてセミドライに近い状態になるまで乾かす。
3 … 2を適宜に折り曲げ、クリームチーズを挟む。半割にしたペッパーベリーをのせ、ビーツパウダーとブルーベリーパウダーをふる。

JUN-01

JUN-02
アシアカエビ 蕪 オゼイユ
—
1 … 蕪（大きめ）の皮をむき、5mm角×長さ15cmほどの棒状に切る。
2 … アシアカエビの殻をむき、頭と尾を外して背わたを取る。熱湯でさっと霜降りにする。
3 … 1の蕪とほの温かい2のアシアカエビを交互に盛り、細切りにしたオゼイユの葉をのせる。
4 … エビのジュ（P. 222）を流し、ねぎオイルをたらす。レモンの皮のすりおろしをふる。

JUN-02

JUN-03
ムール 人参
—
1 … ムールを白ワインで蒸して口を開かせる。身を取り出す。
2 … 人参（黄と白）を輪切りにして、カルダモンで風味をつけた薄めのシロップでさっと炊く。
3 … 器に1のムールを盛り、フェンネルの根のピュレ（P. 183）をのせ、ラディッキオの根のパウダーをふり、2をかぶせる。
4 … 1の蒸し汁をバターでモンテしたソースを流し、オリーブオイルをたらす。
5 … みかん＆コリアンダーパウダー、クミンシード、ディルの花を添える。

JUN-03

JUN-04
玉ねぎ アオリイカ トマト
—
1 … アオリイカをさばいて薄皮をむき、冷凍しておく。凍った状態でごく薄くスライスする。
2 … 皮付きの玉ねぎを200℃のオーブンでローストする。内側のトロトロになった鱗片を数

JUN-04

枚取り出して使う。
3 … 皿の数ヵ所に2の玉ねぎを盛る。1のイカに塩をふり、玉ねぎの形に合わせて被せる。レモン果汁をたらす。
4 … イカ墨ソース（P. 222）を流し、オリーブオイルをたらす。トマトパウダー、パプリカパウダー、野菜の灰をふりかける。

JUN-05
ほうれん草 牡蠣 鮑
—
1 … 牡蠣をゆでて水気をきる。コンソメ（P. 222）とともにミキサーで撹拌し、ピュレにする。味を見て、必要なら塩をふる。
2 … 鮑を殻ごとコンソメとともに真空にかけ、86℃のスチコンで20分蒸す。
3 … フライパンにバターとオリーブオイルを熱し、細切りにした2の鮑をさっとソテーする。ほうれん草とコリアンダーの新芽を加えて温め、ほうれん草がしんなりし、全体にオイルがからまったら皿に盛る。
4 … ごまの新芽とチアシードの新芽、細切りにしたフェンネルの根のピクルスをあしらい、横に1のピュレを流す。

JUN-05

JUN-06
ほろほろ鳥の内臓 じゃが芋
—
● ほろほろ鳥の内臓
1 … ほろほろ鳥のレバーとハツは筋を取り除く。砂肝は半割にして汚れを取り除く。それぞれ、塩分濃度3%の塩水に3時間ほど浸ける。
2 … 1の内臓類を取り出し、網にのせて冷蔵庫の風の当たる場所に一晩おく。
3 … 2を瞬間燻製にかけ、コンソメ（P. 222）とスパイス、はちみつとともに真空パックにする。51℃の湯煎で30分加熱する。

—
● 玉ねぎとタマリンドのペースト
1 … 玉ねぎの皮をむいてざく切りにし、薄くオリーブオイルを敷いたスキレットに入れる。200℃のオーブンに入れて玉ねぎが黒く焦げるまで焼く。
2 … 1にほろほろ鳥のジュ（P. 222）を入れてデグラッセし、ミキサーにかけてピュレにする。
3 … 2にタマリンドペーストを少量入れて酸味をつけ、塩で味をととのえる。

JUN-06

● じゃが芋のチュイル

ヴィンテージポテトのピュレ（P. 222）を薄くのば
し、低温のオーブンできつね色に色づくまで乾
燥させる。

● 仕上げ

1 … 器に玉ねぎとタマリンドのペーストを塗り
つける。

2 … 薄切りにしたほろほろ鳥の内臓を盛り、
干したガランガーとルーコラの花を添え、ミ
ニョネットをふる。

3 … ヴィンテージポテトのピュレ（P. 222）とクリー
ムチーズを添え、適宜に割ったじゃが芋のチュ
イルをのせる。

JUN-07

オレキエッテ チーマ・ディ・ラーパ

● オレキエッテ

1 … ふるったセモリナ粉250g、00粉250gと
塩適量をボウルに合わせる。

2 … 熱湯125ccと冷たい牛乳125ccを合わ
せ、1に加えながら捏ねる。ひとまとまりになっ
たらラップをかぶせ、冷蔵庫で半日〜1日ね
かせる。

3 … 2の生地をちぎってオレキエッテ形に成
形し、冷蔵庫の風の当たる場所に1日ほどお
いて乾燥させる。

● 仕上げ

1 … にんにくオイルを熱した鍋で、やさしくち
ぎったチーマ・ディ・ラーパをオイルに香りを移
すようにソテーする。

2 … オレキエッテをゆでて1に加え、和える。

3 … ちぎったアンチョビとパルミジャーノのすり
おろしを加えて盛りつける。

JUN-08

小鴨 ごぼう 玄米

● 小鴨

1 … 小鴨の内臓を取り除き、腹ににんにく、
ローズマリーを詰め、塩をふる。

2 … オリーブオイルを敷いた鍋に1を入れ、
300℃のオーブンで3分焼いて取り出し、2分
やすませる。

JUN-07

● ごぼうと大根

1 … ごぼうを薄切りにし、水（またはブロード）で
ゆでる。

2 … 大根は厚さ1cmほどの輪切りにし、アル
ミ箔で包んでローストする。

● 黒豆

1 … 干した黒豆を水に浸けてもどしておく。

2 … 1をカリカリになるまでローストし、砕く。

● 玄米

1 … 玄米を炊飯器の玄米モードで炊く。

2 … 1を食べやすい大きさにまとめ、オリーブ
オイルで素揚げする。

● 仕上げ

1 … 小鴨の胸肉と腿肉を切り出し、皿に盛
る。ごぼうと大根を添え、鴨のジュ（解説省略）
を流す。

2 … 干し大根（薄切りのもの）を添え、黒豆とご
ぼうパウダーをふる。玄米を添え、少量のフ
ルール・ド・セルをふる。

JUN-09

キウイフルーツ レモン
ジン マリーゴールド

JUN-09

● レモンのジュレ

1 … 水にレモンの葉とねずの実を入れて温
め、香りを移す。

2 … 1にジンでもどした板ゼラチンを入れて
ゆるく固める。冷やしておく。

● レモンのジュース

イタリアンメレンゲ（解説省略）にレモン果汁、レ
モンの皮のすりおろし、水飴、転化糖、グラ
ニュー糖、粉糖、ブドウ糖を混ぜながら合わ
せる。

● 仕上げ

1 … 器に1cm角に切ったキウイフルーツと、
適宜に崩したレモンのジュレを盛る。

2 … 1にレモンのジュースを注ぎ、レモンオイ
ルをたらす。マリーゴールドの葉を浮かべる。

JUN-08

villa aida 自然から発想する料理

寒春

例年、寒さのピークが訪れるのは1月末から2月中旬頃です。温暖な和歌山でも、最低気温が3℃を下回る日が続きます。

しかし、よく観察すると寒さの中にも春の訪れの気配が感じられる……2月の頭はそんな時期です。日によって何となく春っぽかったり、かと思えばまたすごく寒くなったり。「三寒四温。なるほどな」と思います。

畑ではプンタレッラやカラスノエンドウ、芽キャベツなど、緑色が美しい野菜が元気に育っていますし、天然のふきのとうも届くようになります。

他には、収穫しきれず大きく育った大根や人参の形を生かして使ったり、白菜に花が咲いて「菜花」が出てきたり。蕪や大根、ブロッコリーなどアブラナ科の野菜はどれも菜花をつけますが、白菜のものが一番おいしいと思います。同じ季節のプンタレッラや子持ちからし菜などと合わせてサラダを作ります。畑から料理が生まれる瞬間です。

2月初めの料理

FEB-01

新玉ねぎのタルト
白人参のタルト
小人参のピクルス

—

じゃが芋生地のタルトレット2種と、チコリパウダーをまぶした小人参のピクルス。新玉ねぎのタルトレットにはカラメルをしのばせ、白人参のタルトレットは塩柚子コンフィをあしらって、五味が複雑に混ざり合うアミューズに。

牡蠣　芽キャベツ

—

霜降りした牡蠣にキャベツパウダーを溶いたオリーブオイルをかけ、芽キャベツの葉を貼り、炭オイルをたらす。牡蠣の磯の香りと芽キャベツの青っぽさが鮮烈な味わいを生み、両者の甘みを炭オイルの燻香が引き締める。

アオリイカ フェンネル

—

薄切りにしたアオリイカに合わせたのは
フェンネルの若い茎、フロマージュ・ブラ
ン、ねぎオイル、ストリドーロ。隠し味とし
て皿にひと刷毛塗った醤油の効用で、「よ
く知っているはずの素材の新たな表情が
浮かび上がります」。

ひよどり 大根
はこべ *p. 176*

—

小さなサイズのひよどりをローストし、丸ご
と挽いてそぼろに。鶏のブロードで炊い
た大根と合わせてアイーダ流の"風呂吹
き大根"に仕立てた。薄切りの干し大根
と、小さなはこべが彩りを添える。

ほうれん草 よもぎ
ノビル キヌヒカリ
—

自家栽培の米（キヌヒカリ）とほうれん草の
リゾット。ほうれん草の根やノビルのソテー
を添え、苦よもぎやカラスノエンドウをあ
しらった。山菜も顔を出しはじめる2月ら
しく、山野草の苦みと野菜の根の甘みを
テーマにした一品。

野草と間引き菜

東京のシェフが遊びに来て、その辺にははこべが生えているのを見つけるとうらやましがられます。

冬のはこべやカラスノエンドウ、スイバ、夏のプルピエ（スベリヒユ）など、季節の野草は僕の料理に欠かせません。微妙な酸味や苦みがあり、形もかわいらしく、菜園レストランならではの盛りつけや味の重ね方ができます。

同じように、秋口には間引き菜も活躍します。蕪、人参、大根など、冬野菜の畑から、成長を促すために引き抜いた余分な芽が間引き菜です。

野菜をごく若いうちから大きく育ったところまで、成長に合わせて使っていき、その時々のよさを表現するということが自然の中で暮らす、風土に寄り添うということだと思います。

このような気持ちで素材と向き合えば、素材も野菜もきっと輝いてくれる。そう信じて料理を作っています。

青々としたはこべは、畑のあぜ道で採ったもの。

人参や大根の新芽を引き抜いた、間引き菜。

FEB-06

鯛　カルドの根
セロリ　昆布バター

———

地元の小川農園から届くカルドの根に着
目。セロリとともにソテーして、焼いた鯛に
添えた。ソテーする際は自家製の昆布の
佃煮入りバターを使用しており、旨みと
コクが根の苦みと合わさって「春っぽく
苦旨い」一品になる。

鹿 コールラビ フェンネルの根

—

シナモンリーフと胡椒で香りをつけた鹿の
ロースをローストし、黒豆入りの鹿のジュ
にくぐらせた。クミン風味のコールラビ、
フェンネルの根のピュレ、干した白人参、
緑色のコールラビパウダーを添えて。

FEB-08

八朔 抹茶

—

「いちばん好きな柑橘かも」と小林氏が
いう八朔は、日高川町の柑橘農家、藏
光農園から届いたもの。果皮、その下の
白いわたの部分、果実を泡、ピュレ、ク
リームなどにして一皿にまとめた。抹茶パ
ウダーをまぶしたチュイルをのせて。

世界観を整える

| 矛盾をなくす

「ヴィラ アイーダ」というレストランを作り上げるために、日々取り組んできたことがあります。それは、料理、器、テーブルセッティング、内装、サービスのスタイルなど、店を構成するすべての要素が違和感なく共存している状態を作り出すこと。言わば、「矛盾をなくす作業」です。

—

店の統一観がしっかりしていると、料理に込めた思いがお客さまにスムーズに伝わりますし、「またこの場所を訪れたい」と思っていただけます。逆にちぐはぐで矛盾だらけだと、メッセージが伝わらないばかりか、居心地まで悪く感じさせてしまう。ひいてはそこで働く自分たち自身のストレスにもなるでしょう。だから、統一観というのはレストランを経営するうえで軸になる、とても大切な要素だと思っています。

—

でも僕自身、軸が昔から定まっていたわけではありません。オープン当初のアイーダは、真っ白で糊がきいたクロスを敷いたテーブルにリチャード・ジノリやベルナルドの白皿を並べて、サービススタッフは黒服で……という、昔ながらのレストランでした。イタリアで使っていた白磁の皿へのあこがれもありましたし、日本でも現地そのままの料理を作ろうと意気込んでいましたから。

その後、畑仕事に真剣に取り組み、自分の料理を見つめ直すようになると、矛盾があることに気づきました。野菜やハーブは自分で育てたもの、肉や果物は和歌山の生産者の産物、魚も地元の漁港から届けてもらっているのに、なぜ皿だけが海外で量産されたものなんだろう？料理と雰囲気が合わなくて気持ちが悪いな、と。

—

今のアイーダの店内が国産のナチュラルなイメージの品で統一されているのは、そうした矛盾をなくすことにしたからです。数年をかけて、皿やインテリアを「手仕事が見えるもの」に変えていきました。たとえば、テーブルクロスは薄いグレーのややざっくりしたテクスチャーのものを選ぶ。アイロンをかけたいけれど、パリッとしすぎるのはいやだ。だったら、クリーニング屋さんに頼まず自分たちでしよう、というように細部を整えていきました。

参考になったのは、海外の建築書やフラワーコーディネートの本や、ピンタレストなどの画像ブックマークサイトです。好きな作品を眺めて、「次に改装するならこんな雰囲気がいいね」なんて話しながらイメージをふくらませていきました。

客席の窓枠にアルミサッシを使うのをやめたり、床のフローリングを無垢材に張り替えたりといった工事も段階的に行ないました。床はあえて無塗装にし、時間が経つにつれて風合いが変わっていくのを楽しんでいます。

—

自分で集めた天然の素材に囲まれて、手

陶芸家、青木良太氏の作品が日本の器に目覚めるきっかけになった。

現在、器はすべてが国内の作家物に。

入れしながら暮らしていくことが豊かで幸せな生活だと感じます。そんなスタイルを、アイーダというレストランを通して提案していきたいです。

| 器 に も 手 仕 事 を

ここ数年は徐々に外国からのお客さんが増えてきて、僕自身、より日本らしさを意識するようになりました。日本独自の素材に西洋の調理技術を取り入れた、日本の心が感じられる料理を作りたいという気持ちが強くなっています。
—
料理を盛る器も同じです。今、アイーダにある器はすべて日本の作家さんの手によ

るものになりました。器に興味を持つきっかけになった陶芸家、青木良太さんの作品をはじめ、白が美しい大谷哲也さんの器、横山拓也さんの粉引皿、松村英治さんの焼締めの皿、稲吉善光さんの鉄釉皿、戸田文浩さんのリム皿、伊藤 環さんのボウルなど……。どれをとっても志が高く、美しい器です。使っていると作り手の凛とした心が感じられて、自分の作る料理もそうでありたいと強く思わされます。
—
僕は写真が好きで、新しい料理ができると、これはという器に盛って写真を撮り、インスタグラムにアップします。趣味であると同時に、器の作家さんや食材の生

産者さん、友人のシェフたちに「今こんな料理を作っています」と知らせるためでもあるんですが、見た人からは、「器が美しいね」とよくコメントをいただきます。
—
こうした作家ものの器は大量生産できないので、営業用にまとまった数を揃えるのは簡単ではありません。また、洋皿よりもチップしやすく、扱いにも配慮が要ります。それでも、「この皿に料理を盛りたい」と思わせる力がありますし、同じ作家の同じシリーズでも、一枚いちまいディテールが異なるのが、手仕事ならではの魅力です。欠けてしまったものは自分で金継ぎするなど、日々手入れをしながら大切に使っています。

料理解説

新玉ねぎのタルト
白人参のタルト
小人参のピクルス

───

● 新玉ねぎのタルト

1 ⋯ ココット鍋にバターを熱し、新玉ねぎの薄切りを入れる。蓋をして、弱火で玉ねぎの水分を生かし、とろとろになるまで加熱する。ミキサーにかけ、食感を残したピュレにする。

2 ⋯ 100gの1に対し200gのサワークリームを合わせ、塩で味をととのえる。

3 ⋯ じゃが芋のタルトレット（P.038）にカラメル（解説省略）を少量流し、2を絞り、削ったパルミジャーノで覆う。

───

● 白人参のタルト

1 ⋯ ココット鍋にバターを熱し、適宜に切った白人参を入れる。蓋をして、弱火で柔らかくなるまで加熱する。ミキサーにかけ、食感を残したピュレにする。塩で味をととのえる。

2 ⋯ じゃが芋のタルトレット（P.038）に1をしぼり、塩柚子コンフィ（P.076）とカレンデュラの花をあしらう。

───

● 仕上げ

皿に新玉ねぎのタルト、白人参のタルト、チコリパウダーをまとわせた小人参のピクルス（解説省略）を盛る。

FEB-01

───

FEB-02

牡蠣 芽キャベツ

───

1 ⋯ 牡蠣の殻を外し、熱湯に一瞬落として霜降りする。

2 ⋯ 1の牡蠣を皿に盛り、キャベツパウダーを溶いたオリーブオイルをかける。

3 ⋯ 牡蠣の表面に芽キャベツの葉を貼り、芽キャベツの葉のくぼみに炭オイル*をたらす。

4 ⋯ 同様にサワークリームを流し、塩をふる。カラスノエンドウをのせる。

* 野菜の炭をオリーブオイルに溶いたもの。

FEB-03

アオリイカ フェンネル

───

1 ⋯ アオリイカをさばいて薄皮をむき、冷凍しておく。冷凍状態のままごく薄くスライスする。

2 ⋯ 皿の中心に刷毛を用いて醤油をぬり、1のイカを並べ、塩をふる。

3 ⋯ フェンネルの茎（若いもの）を長さ10cmほどに切り、2にのせる。

4 ⋯ ねぎオイルをかけ、フロマージュ・ブランをたらし、春菊のつぼみのピクルスを添える。キャベツ＆コールラビパウダーをふり、マンネングサとストリドーロをあしらう。

FEB-03

───

FEB-04

ひよどり 大根 はこべ

───

● ひよどりのミンチ

1 ⋯ ひよどりを掃除し、200℃のオーブンでローストする。骨ごとフード・プロセッサーにかけてミンチにする。

2 ⋯ 1にほろほろ鳥のジュ（P.222）を加えて味をととのえる。

───

● 大根

鍋に鶏のブロード（P.222）を熱し、厚さ2cmほどに切った大根を入れる。塩をふり、柔らかくなるまで炊く。

FEB-04

───

● 仕上げ

1 ⋯ 器の底にヴィンテージポテトのピュレ（P.222）とクリームチーズを盛り、少量のコンソメ（P.222）を流す。

2 ⋯ 大根をのせ、ひよどりのミンチをかける。干し大根（薄切りのもの）を添える。

3 ⋯ キャベツパウダーと野菜の灰をふり、はこべをあしらう。

───

FEB-05

ほうれん草 よもぎ ノビル キヌヒカリ

───

1 ⋯ ほうれん草を塩ゆでし、氷水にさらして色止めする。ミキサーにかけてピュレにする。

2 ⋯ 鍋に鶏のブロード（P.222）と煮干しのだし（解説省略）を入れて火にかける。沸いたら生米（自家栽培のキヌヒカリ）、よもぎ、ほうれん草の葉を入れ、炊いてリゾットを作る。仕上げに

FEB-05

1を加え、塩で味をととのえる。

3…天板にほうれん草の根とノビルをのせ、溶かしバターをかけ、180℃のオーブンに入れる。途中出し入れをくり返し、その都度溶かしバターをかけてこんがりと焼く。

4…器に2を盛り、3をのせる。苦よもぎの葉を散らし、ラベッジオイルをたらす。

FEB-06
鯛 カルドの根 セロリ 昆布バター

1…鯛を2人分の大きさの切り身にし、塩をふる。コンロにグリルパンを置き、その上にさらに鋳物の焼き台を置く。ここに鯛をのせて穏やかな遠火で焼く。仕上げに皮目をブラックに押し付けて焼き、二等分する。

2…カルド*1の根を斜め切りして塩ゆでする。セロリも同様に塩ゆでする。

3…フライパンに昆布バター*2を熱し、2のカルドの根とセロリを加え、和える。

4…皿に1の鯛を盛り、3をかける。

5…カルドの葉のパウダー、シナモンリーフパウダー、実山椒をふり、レッドソレルの葉の細切り、カラスノエンドウを添える。

*1 カルドはキク科の植物で、アーティチョークの一種。今回は根を用いたが、通常は軟白栽培した茎を食べる。
*2 自家製の昆布の佃煮をペーストにし、バターと混ぜ合わせたもの。

FEB-06

FEB-07
鹿 コールラビ フェンネルの根

● 鹿のロースト

1…鹿のロース肉に塩をふり、フライパンで焼き色をつける。シナモンリーフ、砕いたコショウとともに真空パックにして55℃の湯煎で加熱する。取り出してフライパンで焼く。

2…鹿のジュ（解説省略）に、乾燥させて粗く砕いた黒豆を加えて温める。提供直前に1の肉を入れてからめる。

● フェンネルの根のピュレ

1…ココット鍋にバターを熱し、適宜に切ったフェンネルの根を入れる。蓋をして、弱火で柔らかくなるまで加熱する。

2…1をミキサーにかけてピュレにし、塩で味をととのえる。

FEB-07

● コールラビ

コールラビを細切りにして、バターを熱したココット鍋でスュエする。クミンパウダーと塩で味をととのえる。

● 仕上げ

1…皿に半分に切った鹿のローストを盛り、フルール・ド・セルをふり、人参の若葉を添える。

2…肉の横にフェンネルの根のピュレを盛り、フェンネルの根のパウダーをふる。

3…コールラビを盛り、干した白人参を散らし、コールラビパウダーを添える。マンネングサをのせる。

FEB-08
八朔 抹茶

● 八朔の白いピュレ

鍋に湯を沸かし、八朔の皮の下の白い部分と薄皮、グラニュー糖各適量を入れてトロトロになるまで煮る。濃度がついたらミキサーにかけてピュレにする。

FEB-08

● 八朔のクリーム

1…生クリーム50ccにグラニュー糖3gを加えて八分立てにする。

2…八朔の白いピュレ30gを加え、混ぜ合わせる。

● 八朔の泡

1…鍋に水500ccとグラニュー糖10gを入れて沸かす。八朔の皮3個分を入れて火を止め、アンフュゼする。

2…1の液体を漉し、溶かしバター少量を加え、ハンドミキサーで泡立てる。

● クレーム・ヨーグルト

1…ボウルに卵黄6個分とヨーグルト125gを合わせる。

2…鍋に生クリーム250cc、牛乳125cc、グラニュー糖70g、ヴァニラビーンズ（さやごと）、レモンの皮のすりおろし適量を入れて温める。①に加え混ぜる。

3…2をグラタン皿に移し、90℃のオーブンで火を入れる。裏漉しして冷ましておく。

● チュイル

キャラメル風味のチュイル（解説省略）の片面に
抹茶をまぶす。

● 仕上げ

1 … 器の底に八朔の白いピュレを敷く。

2 … 1にクレーム・ヨーグルトで和えた八朔の
果肉を盛り、八朔のクリームをのせる。緑茶
の茶葉を散らす。

3 … 2を八朔の泡で覆い、チュイルをかぶせる。

芽吹春

3月になると、畑やあぜ道ではノビルやたんぽぽ、つくしが顔を出し始めます。「春が来た！」と感じる季節です。

畑の野菜はちりめんキャベツ、フェンネル、ラディッキオ　葉玉ねぎ……。収穫後のわき芽を積んだりして、季節が春へと移り変わったことを料理で表現します。

つくしは、使っていくうちに、地面から少しだけ頭を出すか出さないかくらいの小さいものが食感、味ともにしっかりしていておいしいと思うようになりました。ありそうなところは分かっていますから、手で地面をなでてみて、あったら「小さい春見つけた！」ってうれしくなる瞬間です。

たんぽぽは、ヨーロッパで食べるような白い葉にできないかと思い、納屋の中でシートを被せて軟白栽培に挑戦しましたが、難しくて。でも、あぜ道をよく見ると、草を被って自然に白くなったたんぽぽがたまに見つかります。最近はそれを探して、料理に使っています。

3月中頃の料理

柚子 もち米

—

もち米を使った一口アミューズは、ひなあられ
をイメージしたもの。もち米はよもぎとともに炊
飯し、オリーブオイルで素揚げに。熱によって
ふくらんでできた空洞に甘じょっぱい塩柚子
コンフィを詰め、カレンデュラの花を飾った。

牡蠣 つくし ほうれん草

—

牡蠣とコンソメのピュレと、ほうれん草の
ピュレ。テクスチャーが異なる2種のピュレ
の下に、霜降りした牡蠣が隠れている。
この時期、あぜ道に先端だけ顔を出す、
ごく小さなつくしを素揚げして、ほのかな
苦みをアクセントに。

アオリイカ 白と黄人参

—

器の底には、コリアンダーとレモンオイル
で和えたアオリイカとクレーム・ドゥーブル。
「今年はあまり成長しなかった」という小
さなサイズの白人参、黄人参をコイン大
に切り、クリームに挿すように盛った。

villa aida　自然から発想する料理

ほうれん草の根っこ キヌア
たんぽぽ ピーナッツバター

—

畑の片隅で大きく育ちすぎた「おばけほ
うれん草」。その長さ20cmを超える根っ
こをじっくりバターソテーし、たんぽぽの
葉やつくしとともに豪快に盛った。ソース
に見立てたピーナッツバターが根っこの
甘みをさらに引き立てる。

P. 193

MAR-05

**ほうれん草のステーキ
つくし 砂ずり**

——

こちらもよく育ったほうれん草の肉厚な葉をココット鍋で蒸し焼きにし、上面はふっくら柔らかく、下面はパリッとした食感に仕上げた。ほろほろ鳥の砂肝の瞬間燻製や、塩ゆでしたつくしとともに味わう。

ほうれん草

ほうれん草は、11月頃から収穫が始まり、3月頃まで使い続けます。小さいベビーほうれん草から大きく育ったものまで、いつの時期でも使いやすい野菜です。スーパーで買うと「ちっとも味がしないな」と思うのですが、畑で穫れたほうれん草を食べると、柔らかな葉の甘みや鉄分のようなミネラル感があって、その違いに驚きます。

料理する時は相性のいい牡蠣と合わせたり、焼いて他の素材と合わせたり。ゆでると味が逃げる気がするので、バターでソテーすることが多いです。

その際、出始めの小さなほうれん草は鍋で軽く温めるくらいの火加減で、大きく育ったほうれん草はバターがしみ込んだフワフワな状態に、硬い時は少量の水で蒸し焼きに、と火入れを変えます。どんな野菜でもそうですが、状態に応じて調理法に気を配るのが大切なことだと思います。

大きく育った3月のほうれん草。左頁の料理で使用したものだ。

太い根っこはじっくり焼いて甘みを引き出す。

MAR-06

サザエ プンタレッラ
ふきのとう 白菜
—

蒸したサザエを中心に、プンタレッラ、サザエの肝のソース、ふきのとうのピュレ、野菜の灰などさまざまな苦みを一皿に盛り込んだ、「春の目覚めのサラダ」。はまぐりのジュと牛乳を合わせて温めた泡のソースを流す。

鯛　フェンネル
八朔　たまご茄子
——

焼いた鯛にミニフェンネルの塩ゆで、八朔のコンフィチュール、ゆでた小蕪を添え、鶏のグラスのソースを流す。仕上げにふった春菊のつぼみのピクルスと、砕いた山椒の粒が皿をさわやかに引き締める。

地方でレストランを営みたい人へ

| 信頼できる味方を作る

遠くから僕の料理を食べに来てくれた若い料理人から、「地方で独立したいんですが」とアドバイスを求められることがよくあります。

そんな時に言うのは、「自分の故郷で独立する方がやり甲斐がある」ということ。

そして、「絶対に味方が必要」という2点です。この2つは通じ合う問題で、お客さんの少ない田舎でレストランを続けるのは苦難の連続だけれど、だからこそ得られるものも多い。そして地縁のある場所で、味方＝理解者の助けがあれば苦難も乗りきれる、という意味です。

—

味方というのは奥さんや家族かもしれないし、同じビジョンを持った地元の料理人仲間かもしれません。僕がこの店を始めた時も、両親や姉がサポートしてくれました。もちろん家族それぞれに意見があるので、時には衝突もします。僕の場合、集客に苦戦しても安売りはしたくないと踏み留まっているところに、「量を増やして値段を下げればいいのに」なんて言われて、なんで分かってくれないのかと思ったこともありました。その時は腹が立ちますが、それでもやはり、家族は味方。同じ方向を見ることができれば、出せる力が違ってきます。

—

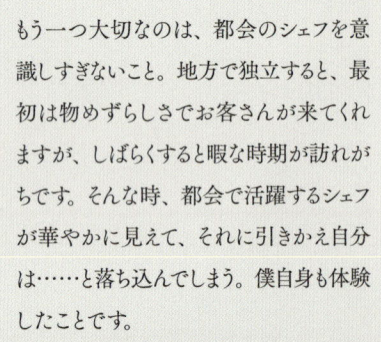

もう一つ大切なのは、都会のシェフを意識しすぎないこと。地方で独立すると、最初は物めずらしさでお客さんが来てくれますが、しばらくすると暇な時期が訪れがちです。そんな時、都会で活躍するシェフが華やかに見えて、それに引きかえ自分は……と落ち込んでしまう。僕自身も体験したことです。

でも、実は都会のシェフたちも同じように僕たちのことをうらやましく思っていたりするんです。地方の食材と環境を生かして、いい料理を作ることができる環境を整えれば、そんな落ち込みも自然と消えていくはずです。

今の自分と、そして素材と向き合うことが大事です。

—

いい料理を作るには、どうすればいいのか。まず、「おいしいとはどういうことか」を知っていないとダメですよね。料理人が食べ歩きばかりする必要はないですが、時には外の世界を見るのもいい経験にな

villa aida　自然から発想する料理

ります。

僕たちは2年に一度、ヨーロッパを訪れるようにしています。旅行中はワイナリーを訪ねたり、いろいろなタイプのお店で食事をしたり。各国の料理の傾向やその国らしさの出し方、環境保護への取組みなど、レストランの世界基準を知ることがこれからの時代は不可欠だと思います。昨年はイタリアとスペインに行き、昔よりもシンプルな料理に惹かれている自分に気づいたり、異国で頑張っている若い日本人シェフの料理に刺激を受けたり、いい経験ができました。

—

中でも最大の収穫は、「自分の料理は海外と比べても負けていない」と体感できたことでした。店が暇で苦しい時期に、「よその土地から来たお客さんがこの場所で食べたいと思う料理はどんなものか。そのための食材、見せ方、ストーリーは何か」と考え抜いた経験が、今になって報われた気がします。

| 広がる地方の可能性

独立後も、借り入れたお金を返済するまでは精神的、肉体的にきつい時間が続くと思います。その間は、身を粉にして働くしかありません。

でも返済にめどが立ち、生活が落ちついてきたら、ぜひ地域の魅力を再確認して、その魅力を発信する方法を考えてほしいです。その土地や自然や人と共存して、社会とつなげていけるのが地方のシェフという職業の魅力で、役割だと思うんです。それも自分ひとりで背負い込むのではなく、チームで楽しく取り組めたらすばらしいと思います。

—

ポイントは「土地の魅力を表現する」こと。地方だからといって必ずしも畑をやる必要はありません。山に入って狩猟をするのでもいいし、自分で釣った魚を調理してもいい。その地域や自分の興味にあったやり方を探すところから始めてみて

はどうでしょうか。

僕の場合は、実家がこの場所で代々農業に携わっていました。若い頃は農家を継ぐのが嫌で料理人になったのですが、回りまわって、畑の存在が今の料理に結びついてくれたわけです。もし畑がなかったら、今とはまったく違う料理を作っていたかもしれません。

—

今の料理界は、料理のデザイン力、情報の発信力、変化への適応力など、料理人のセンスそのものが問われます。「自分が地方の食を変えるんだ」という思いを持って、地域の魅力、日本の魅力を表現できれば、国内だけでなくアジアでも、ヨーロッパでも、興味を持ってくれる人はいます。

そして、興味を持てばどんなに遠くからでも食べに来てくれる、そんな時代です。今後、地方の地理的な不利は今よりももっと小さくなり、可能性はさらに広がっていきます。

料理解説

MAR-01

柚子 もち米

1 … よもぎをゆでて水気を絞る。

2 … 洗ったもち米と1を合わせて炊飯する。混ぜて蒸らしておく。

3 … 2を3cm角、厚さ7〜8mmに成形し、オリーブオイルで揚げる。

4 … 塩柚子コンフィ（P.076）を絞り袋に詰めて、3の中の空洞に絞る。

5 … 塩をふり、カレンデュラの花を飾る。

MAR-01

MAR-02

牡蠣 つくし ほうれん草

1 … 牡蠣の殻を外し、身を熱湯にくぐらせて霜降りする。

2 … 1の牡蠣とコンソメ（P.222）を合わせてミキサーにかけ、裏漉しする（牡蠣の一部は、仕上げ用に取りおく）。

3 … つくし（出始めのごく小さいもの）を多めのオリーブオイルでさっと炒める。

4 … ほうれん草をゆでて水気を絞り、コンソメ（P.222）とともにパコジェット専用容器に入れる。冷凍し、パコジェットで回してピュレにする。常温におき、人肌くらいの温度とする。

5 … 器に仕上げ用の牡蠣を食べやすい大きさに切って盛り、4のほうれん草のピュレを流す。2の牡蠣のピュレをハンドミキサーで泡立ててから注ぐ。3のつくしとカラスノエンドウを添える。

MAR-02

MAR-03

アオリイカ 白と黄人参

1 … アオリイカを2mm角にきざみ、きざんだコリアンダー、レモンオイルで和える。塩で味をととのえる。

2 … 人参（黄色と白）を輪切りにし、さっと湯通しする。白ワインヴィネガー、塩、グラニュー糖を合わせた液に浸して即席のピクルスとする。

3 … 器にクレーム・ドゥーブルを流し、1のイカをのせる。2の人参をクリームに挿すようにして盛り、オリーブオイルをたらす。

MAR-03

MAR-04

ほうれん草の根っこ キヌア
たんぽぽ ピーナッツバター

1 … フライパンにバターを熱し、ほうれん草の根（大きく育ちすぎたものを使用）を入れる。じっくり時間をかけて柔らかく、かつ香ばしくなるまで焼く。焼き上がり直前につくし（出始めのごく小さいもの）を加え、塩で味をととのえる。

2 … キヌアを鶏のブロード（P.222）で炊く。

3 … ピーナッツバター（解説省略）に白ワインヴィネガーをごく少量加え混ぜる。

4 … 皿に3を塗り、1と2を盛る。たんぽぽの葉、にんじんの葉、赤からし菜を添える。

MAR-04

MAR-05

ほうれん草のステーキ
つくし 砂ずり

● ほうれん草

ココット鍋にバターを熱し、ほうれん草（よく育った肉厚なもの）を入れる。蓋をして弱火で加熱し、ほうれん草の上面は蒸されて柔らかく、下面は焼き色がついてパリッとした食感が出るように仕上げる。塩で味をととのえる。

MAR-05

● 砂肝

1 … ほろほろ鳥の砂肝を半割にして掃除し、塩水に浸して塩抜きする。

2 … 1をオリーブオイルでさっと揚げてから、網にのせて冷蔵庫の風の当たる場所に一晩おく。

3 … 2を瞬間燻製にかけ、コンソメ（P.222）とスパイス、はちみつとともに真空パックにして51℃のスチコンで30分加熱する。

● 仕上げ

1 … 皿にほうれん草を敷き、薄切りにした砂肝とさっと塩ゆでしたつくしをのせる。

2 … コンソメとオリーブオイルをたらし、ノコギリソウやラディッシュの葉を添える。

MAR-06

サザエ プンタレッラ
ふきのとう 白菜

● サザエと肝のピュレ

1 … サザエは殻ごと蒸してから身と肝を取り

MAR-06

出す。

2 … 1の身の表面をブラックで焼き、塩をふる。

3 … 1の肝はほろほろ鳥のジュ（P. 222）ととも
に加熱し、煮詰める。ミキサーにかけてピュレ
にする。

●ふきのとうのピュレ

1 … ふきのとうはオリーブオイルで素揚げする。

2 … 1、ほろほろ鳥のジュ、パセリのピュレ（解
説省略）をミキサーで回してピュレにする。

●はまぐりのジュ

はまぐりを酒蒸しした際に出るジュに牛乳とバ
ターを加えて温め、ハンドミキサーで撹拌する。

●仕上げ

1 … 白菜（芯に近い黄色い部分）をサザエの肝
のピュレで和える。

2 … 皿に1とサザエの身を盛り、ふきのとうの
ピュレをたらし、適宜に切ったプンタレッラを
たっぷりとのせる。

3 … ウィンターパースレイン（冬スベリヒユ）とはこ
べを添え、はまぐりのジュとねぎオイルを流し、野
菜の灰とキャベツ＆コールラビパウダーをふる。

MAR-07

鯛　フェンネル　八朔
たまご茄子

1 … 鯛を切り身にし、塩をふる。コンロにグリ
ルパンを置き、その上にさらに鋳物の焼き台
を置き、高さを出す。ここに鯛をのせて穏や
かな遠火で焼く。仕上げに皮目をブラックに押
し付けて焼き、二等分する。

2 … ミニフェンネルを適宜に切って塩ゆでする。

3 … 八朔は果実をグラニュー糖とともに炊い
てコンフィチュールにする。

4 … ソースを作る。鍋に白ワインを煮詰め、グ
ラス・ド・ヴォライユ*を加えて味をととのえる。

5 … 皿に1、2、3、ゆでて四等分した小蕪、
くし切りにしたたまご茄子のピクルスを盛り、
ソースを流す。

6 … 干して砕いた山椒の粒と、春菊のつぼ
みのピクルスを散らし、オリーブオイルをふる。

* 鶏のブロードを1/3量まで煮詰めて冷まし、浮き出た
油を取り除いたもの。ソースなどのコク出しに使う。

MAR-07

villa aida　自然から発想する料理

春陽々

4月の中旬になると陽射しが強くなり、畑仕事をしていて首筋が痛い、なんて日も出てきます。「ああ、このまま夏になっていくんだな」と感じます。

店の裏手のハーブ園ではラベンダー、カモミール、ディルの花が咲き、畑では春の豆の先頭を切って、うすいえんどうが穫れ始めます。春菊のつぼみ、ねぎ坊主、グリーンアスパラガスなども出て、一気に賑やかになっていきます。

4月下旬になると、季節は晩春。花とさやを使いたいがためにわざと残しておいた大根に花が咲き、そして柔らかな種が詰まったさやが実ります。さや大根という新しい命を得て、大根にとって二度目の人生を迎えているんだな、と思います。

こんな風に野菜の一生とともにすごすと、それぞれの成長過程で味や風味が異なるのに気づき、合わせる素材も自然と変わってきます。経験と記憶をたどり、それらをうまく組み合わせて、僕たちの料理はできています。

4月中頃の料理

Apr-01

アオリイカ レタス そら豆

—

晩春の、まだごく小さな状態の「涙そら豆」
を、きざんだイカやコリアンダーの葉とともに香
り豊かなピュレに。柔らかなレタスの芯に詰め、
イカの薄切りをかぶせる。小林氏曰く、「お気
に入りの料理です」。

Apr-02

大豆のムース そら豆

—

こちらもごく若採りのそら豆を主役にした一品。白くなめらかなピュレは、絹ごし豆腐をミキサーにかけたもの。塩とねぎオイルで味つけし、八朔の新芽を添えてシンプルに味わってもらう。

APR-03

ポワロー　ビーツ
絹さや　アシアカエビ

—

ポワローと絹さや（さやえんどう）は塩ゆで
し、ビーツはピクルスとソースにして、半
生のエビと合わせた。絹さやは「ちょっと
甘みが出て、でも歯ごたえは残る程度」
にゆでると、エビの甘みに寄り添ってお
いしく仕上がる。

APR-04

葉玉ねぎ　リコッタ　P.228 >さや大根
—

葉玉ねぎをココット鍋で蒸し焼きに。結球部分はさらに砂糖をまぶしてカラメリゼし、軽い"甘苦さ"を引き出した。三種のチーズとホエーの泡を流し、ゆでたさや大根の小気味よい歯ごたえを添える。

さや大根

畑の大根を抜かずに放っておくと春先に花が咲き、その後に小さなさやが出てきます。やがてさやは弾けて種を散らし、また次の年、大根の芽が出てくる……というのが大根の成長のサイクルです。この小さなさやのことを、「さや大根」と呼びます。とてもおいしいので、さや大根を取りたいがために、毎年わざと数株の大根を収穫せずに残しておくようにしています。

さやえんどうのようにシャキシャキした食感と、大根らしい青い香りが特徴で、生で、ゆでて、ソテーして、あるいはピクルスにして使います。

食べやすいのは3〜5cmくらいの小さなサイズ。大根は花やつぼみも料理に使えますし、一生のどの段階をとってもおいしく食べられる、すごい野菜だと思います。

大きなもので長さ10cmほどになる。

柔らかで、ふっくらした小さなさや大根はピクルスにしてもおいしい。

APR-05

P.210 分 うすいえんどう キヌヒカリ

—

うすいえんどうのさやのゆで汁で煮干し
を煮出し、同量の鶏のブロードで割る。
このだしで米（キヌヒカリ）を柔らかめにゆ
でた「おかゆ風のリゾット」に、生のス
ナップエンドウをたっぷりのせて提供。

春の豆

春の豆はうすいえんどうから始まって、そら豆へと続いていきます。

それらを合わせても、4月中旬からゴールデンウィーク明けまでの1ヵ月弱という短いシーズンです。できのよくない年は、さらに短期間で終わってしまいます。

それなのに、毎年「今年も豆を使った」という印象が強く残るのは、そら豆のさやを外すのに大変な思いをしたことと、豆づくしコースを楽しみに待っていてくださるお客さまが多くいらっしゃることが理由かもしれません。

そら豆は、小指の爪くらい小粒で、水気たっぷりなものを召し上がっていただきたいと思っています。がんばれば5月いっぱいまで収穫できますが、勢いがなくなってきますし、田植えの準備も始まるので、早めに撤収するのが常です。

左からうすいえんどう、ひよこ豆、そら豆。
この3種が揃うのは本当にわずかな期間のみ。

日を浴びてすくすく育つそら豆。

ひよこ豆は、小さな鞘に1～2個の豆が入っている。

右は食品乾燥機で作ったドライのうすいえんとう。
左は秋の黒枝豆を乾燥させたもの。

生食するには大きくなったそら豆はチュイルに加工。

Apr-06

マナガツオ イタドリ フキ

—

フキを濃厚なアグロドルチェとさっぱりした
ピクルス、そして葉のパウダーの三通りに
仕立て、焼いたマナガツオと合わせた。
上にのせたイタドリは、酸味が特徴の山
菜。ゆでてオリーブオイルで和えている。

猪 フムス 花ブロッコリー

—

猪の腿肉を1本丸ごとローストし、切り分ける。にんにくが香るひよこ豆のフムスをソース代わりに添え、花ブロッコリーを付け合わせた。「豆づくしコース」の肉料理として考案した一品。

黒オリーブ よもぎ
文旦 木の芽

―

黒オリーブ生地のタルトレットに、文旦の
皮のシロップ漬けや白いわたのコンフィ
チュール、よもぎのアイスを盛り込んだ。冷
たい文旦のスープを客前でかけて提供
する。木の芽と八朔の新芽の清涼感が
心地よい、春の香りを楽しむデザート。

これからのヴィラ アイーダ

│ その先を見すえて

2019年5月8日、ヴィラ アイーダは営業スタイルを大きく変えました。

ランチ＆ディナーの1日2営業をやめ、1日1営業、1組限定（2〜10名・3日前までの予約）とさせていただき、料金はお1人さま1万8000円（サービス料込み、税別）。従来は昼4000円〜、夜1万2000円〜でしたから、大幅な変更です。

この選択に至るまで、数年前からいろいろと考えてきました。

和歌山で20年。その先、自分はどうやって進んでいこうか。

畑仕事と、レストランのランチ＆ディナー営業を両立してきましたが、畑日和の日にレストランの予約を頂いたり、雨の日になかったりと、気持ちと身体が別のところにあったりする時もあり、それらを改善したい、と思うようになりました。

—

そして、地方で店を維持するのは、都会と違った難しさがあります。

たとえば、日常的にレストランを利用する人が少なく、外国料理だと現地に近い味は受け入れられなかったり、時代に合った新しい料理も理解されにくい。そのため、売上げを法事等の会食（料理に個性は求められません）などで確保しなければならなかったりします。

低価格でおいしい料理をお客さまに届けたい、という思いもあります。だからランチ4000円のコースを維持してきましたし、ずっとそうしていこうとも思っていました。でもそうするとスタッフの長時間労働、低賃金が改善されません。

自分の店にどんなお客さんに来てほしいかは、人それぞれの考えがあるはずです。僕は、自分たちの料理を好きでいてくれる人に、もう少しゆっくりしてほしい、と思います。畑を案内してから食事を始めるようにしたり、生産者と一緒にワークショップをしたり、会話したり、時には一緒にワインを飲んだり。周りの評価を気にするのではなく、自分に素直でいたいと思います。

そのために、今のままの形態ではお店の継続は不可能と思い、ひとつの進む道として今回の選択をしました。

—

価格については、日本のレストラン業界全体の課題だと思います。志ある生産者への対価を見直し、料理の原価だけでなく料理人の技術料、人件費、店の

リニューアルした店内は、ダイニングルームの手前にサロン的に使えるソファとローテーブル、奥に食事用の大テーブルというレイアウト。

「MY WAY EXPO 2019」では全国から集まった約50人のシェフが料理を提供。
生産者やワインの造り手も屋台を出し、合計500人のゲストをもてなした。

と真面目な、とても楽しいお祭りを開催いたします!』と声をかけたところ、地方で活躍するレストランのシェフや生産者100人と、2部制各250人、計500人のお客さまが集まってくださいました。

このイベントも、地方のシェフたち同士と、生産者やお客さまが交流できる場所を作りたいと思って立ち上げたものでした。

その後、イベントで知ったお店に行ってみた、というお客さまの声が届いたり、会場で初めて顔を合わせたシェフたちや生産者がその後も交流を続けているなんて聞くと、やってよかったなと感じます。

—

僕たちは今、僕たちの選択が未来を決定づける変化の中にいます。食事をする人とシェフたちの想いがつながり始めています。新しくなったアイーダで、素材の調達に注意し、それがどのように作られているかを知り、地域社会との関わりに思いを注ぐ。僕たちを取り巻く自然環境に配慮するということも、みんなで考えていきたいと思います。

維持費を含めて設定しています。同じく、業界の課題である長時間労働も見直します。

僕たちは、おいしい料理と、心通うお客さま、友達を大切にします。お客さまには、料理だけでなく、畑で土にふれていただくプランも考え中です。

自分自身は、今まで以上にさまざまな土地を訪ねて、人に接し、その経験を自分の料理に反映していこうと思っています。

産者、都会の人と地元の人がつながっていく様子を想像しています。ゆくゆくは、知らないお客さま同士がテーブルをシェアし、食事を楽しみ、その後も関係がつながっていくようにできればと思っています。

—

2019年4月、アイーダのオープン20周年に合わせて、「MY WAY EXPO 2019」というイベントを大阪で開催しました。

『節目の年に、地方ガストロノミーのちょっ

| 人と人がつながる場所に

合わせて、内装もリニューアルしました。2人テーブルをなくして、最大10人が座れる大テーブルに。食前酒や食後のお茶をゆっくりと楽しんでいただけるスペースも用意しました。テーブルの天板は市場で使われていた野菜の木箱や、台風で壊れた家の廃材など、和歌山の古材を活用しています。文字通り「農家レストラン」をイメージしました。

このテーブルで、お客さんと僕たちや生

同じ和歌山で活躍する盟友、「オテル・ド・ヨシノ」の手島純也氏（左）が総料理長としてイベントをまとめ上げた。

料理解説

APR-01

アオリイカ レタス そら豆

APR-01

1 … アオリイカをさばき、薄皮をはぐ。身の一部を小角切りにする。身の残りは冷凍する（足は他の料理に使用する）。

2 … 涙そら豆のピュレ（P.018）に1で小角切りにしたイカ、さやと薄皮をむいた生のそら豆（ごく若採りのもの）、きざんだコリアンダーの葉を加えて混ぜる。レモンオイルをたらし、塩で味をととのえる。

3 … 1で冷凍したイカを凍った状態のままごく薄く切りにする。

4 … 若採りのレタスの芯の部分に2を詰め、3を被せる。塩とフキのパウダーをふり、マイクロコリアンダーを添える。

APR-02

大豆のムース そら豆

APR-02

1 … 絹ごし豆腐をミキサーにかける。塩で味をととのえる。

2 … 器に1を流し、生のそら豆（ごく若採りのもの）をたっぷりのせる。

3 … 八朔の新芽を散らし、ねぎオイルをかける。

APR-03

ポワロー ビーツ 絹さや アシアカエビ

APR-03

● ビーツのピクルス

1 … 黄ビーツの皮をむき、半割にして1時間水に浸け、アクを抜く。

3 … 1のビーツを真空パックにして湯煎にかける。

4 … ビーツを取り出し、ピクルス液（P.222）に浸けておく。

● ビーツのソース

1 … 黄ビーツの端材をスロージューサーにかける。

2 … 1と「ビーツのピクルス」の漬け汁を合わせて混ぜる。

● 鳥のミルク

冷たいほろほろ鳥のジュ（P.222）に牛乳を加え、泡立てる。

● 仕上げ

1 … アシアカエビの殻を外して背わたを除き、熱湯にさっとくぐらせて霜降りする。塩をふる。

2 … 絹さやを硬めに塩ゆでして千切りにする。

3 … ポワローを丸ごと塩ゆでして斜め切りにする。

4 … 皿にココナッツオイルをぬり、1のエビを盛る。ビーツのソースを流し、ビーツのピクルス、絹さや、ポワローを盛る。

5 … 鳥のミルクをかけ、ナスタチウム、人参の花、オゼイユ、オクサリスを添える。

APR-04

葉玉ねぎ リコッタ さや大根

APR-04

● 葉玉ねぎ

1 … 葉玉ねぎの茎の部分を切り離し、結球した部分を半割にする。

2 … 1の茎と結球部分をともにオリーブオイルと少量の水を入れたココット鍋に入れ、蓋をして弱火で蒸し焼きにする。

3 … 葉玉ねぎを取り出す。茎部分にはグラニュー糖をふり、バーナーで焼いてカラメリゼする。

● リコッタ

1 … 自家製リコッタとパルミジャーノのすりおろしを2対1の割合で合わせ、混ぜる。

2 … 1をニョッキ形に成形する。

● さや大根

さや大根をゆでる。レモンオイルと塩で味をつける。

● 仕上げ

1 … 皿に葉玉ねぎ、リコッタ、さや大根を盛る。ちぎったモッツァレラを添える。

2 … ホエーに塩を加えてハンドミキサーで泡立てる。1にかける。

3 … カラスノエンドウとディルの花を散らし、レモンオイルとレモンの皮のすりおろしをふる。

APR-05

うすいえんどう キヌヒカリ

APR-05

1 … うすいえんどうのさやから実を取り出す。

さやをゆでて、ゆで汁に香りを移す。

2…1のゆで汁を漉して鍋にとり、温める。煮干しを入れて軽く煮出し、漉す。

3…2と鶏のブロード（P.222）を同割にして火にかける。沸いたら米（自家栽培のキヌヒカリ）を入れて煮る（米に芯が残ったリゾットではなく、芯まで火の通ったおかゆに近い状態に仕上げる）。塩で味をととのえる。

4…器に3を盛り、生のうすいえんどう（若採りのもの）をたっぷりとのせる。オリーブオイルをたらす。

APR-06
マナガツオ　イタドリ　フキ

● マナガツオ

1…マナガツオを切り身にし、塩をふる。コンロにグリルパンを置き、その上にさらに鋳物の焼き台を置いて高さを出す。ここにマナガツオをのせて穏やかな遠火で焼く。仕上げに皮目をブラックに押し付けて焼き、二等分する。

2…焼き上がったら、皮目にグラニュー糖をふってバーナーで炙る。

APR-06

● イタドリ

イタドリの皮をむき、湯通しする。食べやすい大きさに切り、塩とオリーブオイルで和える。

● フキのアグロドルチェ

1…鍋にグラニュー糖を入れて熱し、カラメルを作る。白ワインヴィネガーと鰹昆布だし（解説省略）を注いで沸かし、デグラッセする。

2…1に適宜に切ったフキを入れて煮る。途中、火を止めてしばらくおいて味をなじませ、再び煮る。味をみて甘みが足りなければ水飴を追加し、再び煮る。

● フキのピクルス

1…フキを小口切りにして湯通しする。

2…ピクルス液（P.222）にくぐらせる。

● 根セロリの泡

1…根セロリをスロージューサーにかける。

2…1に溶かしバターを加えてハンドミキサーで泡立てる。塩で味をととのえる。

● 仕上げ

1…皿に焦がし玉ねぎペースト（P.058）をぬり、マナガツオを盛る。

2…1の周囲にフキのアグロドルチェとフキのピクルスを添え、上にイタドリをのせる。

3…根セロリの泡をかけ、マンネンソウやカタバミを添える。

APR-07
猪　フムス　花ブロッコリー

APR-07

● 猪のロースト

1…コンロにグリルパンを置き、グリルパンより10cmほど高い場所に鋳物の焼き台を渡す。コンロを点火し、焼き台を温めておく。

2…猪の腿肉に塩をふり、焼き台に置く。表裏を返しながら4時間ほどかけて焼く。時折肉の表面にハーブオイルをぬり、乾燥を防ぐ。

3…2の腿肉が焼けたら丸のまま客席に運び、焼き上がりを披露する。一旦厨房に下げ、人数分に切り分ける。

● フムス

1…生のひよこ豆のさやをはずし、実をさっと塩ゆでする。

2…フェンネルシードをミルサーにかけて細かなパウダーにする。

3…1、2、タヒニ＊、ヨーグルトとにんにくのすりおろしをフード・プロセッサーにかけ、塩で味をととのえる。

● 花ブロッコリー

ブロッコリーの茎（花が咲いたもの）を塩ゆでする。

● 仕上げ

1…皿に猪のローストを盛り、粗塩をふる。

2…1の脇にフムスを盛り、オリーブオイルをたらし、ルーコラの芽を添える。

3…皿の端に花ブロッコリーを置く。

＊ タヒニは中東原産の練りごまのペースト。煎っていないため風味が穏やか。

APR-08
黒オリーブ　よもぎ　八朔　木の芽

APR-08

● よもぎアイス

1…クレーム・アングレーズ（解説省略）にゆでたよもぎを加える。

2 ⋯ 1をパコジェット専用容器に入れて冷凍
する。パコジェットにかける。
3 ⋯ 2を厚さ1cmの板状にのばして再度冷
凍しておく。

—

● 文旦のわたのコンフィ
1 ⋯ 文旦の皮を包丁で削り取り、身も切り
取って、皮の下の白いわたのみを取り出す。
2 ⋯ 1を1cm角に切って下ゆでする（ゆで汁
はスープ用に取りおく）。
3 ⋯ 2をシロップで炊く。

—

● 文旦の皮
文旦の皮の黄色い部分のみを細かくきざみ、
さっとゆでる。シロップに浸けておく。

—

● 文旦のスープ
1 ⋯ 文旦のわたのゆで汁を漉して鍋に入れ、
火にかける。
2 ⋯ ゆで汁1ℓに対し、100gのグラニュー糖
と20gのペクチンを合わせて加え混ぜる。冷
ましておく。

—

● 仕上げ
1 ⋯ 器の底に黒オリーブのタルトレット（P. 223）
を置き、文旦のわたのコンフィを盛る。抹茶パ
ウダーを全体にふる。
2 ⋯ 適宜に切った文旦の実とベゴニアの葉
をボウルに入れ、グラニュー糖をふって混ぜる。
3 ⋯ 1の上に、2と1cm角に切ったよもぎアイ
スをバランスよく盛り、文旦の皮を散らす。八
朔の新芽と木の芽を散らす。
4 ⋯ 文旦のスープを別添えし、客前で3にか
ける。

補足レシピ

鶏のブロード

—

1 … 寸胴に水 20 ℓ、鶏ガラ 5kg、ヒネ鶏 2
羽を入れて火にかける。沸いたらアクを取り
除く。

2 … アクが引けたら玉ねぎ 3 個（半割にして断
面を焦がしておく）、セロリ 3 本、人参 2 本、ロー
リエ 5 〜 6 枚、黒粒胡椒、クローヴ、パセリ
や蕪の葉 各適量を入れて弱火で 8 時間煮
出す。

ほろほろ鳥のジュ

—

1 … ほろほろ鳥の手羽や骨を、半割にした
玉ねぎとともにオーブンでこんがりと焼く。

2 … 鶏のブロードを沸かし、1 を加え、煮出す。

コンソメ

牛のミンチ 3kg と鶏のミンチ 2kg を合わせ、鶏
のブロードに加えて弱火で煮出す。

豚のジュ

—

1 … 豚骨 3kg を半割にした玉ねぎ 1 個ととも
にオーブンでこんがりと焼く。

2 … 寸胴に水 20 ℓ を注ぎ、1 と豚のミンチ
5kg を加えて火にかけ、煮出す。

エビのジュ

—

1 … アシアカエビの殻を高温のオーブンでカ
ラカラになるまで焼く。

2 … 1 を鍋に移し、レモングラス、トマトウォー
ターを注いで煮出す。

ソミュール液

—

水 1.5 ℓ に塩 60g、胡椒、ローリエ、ねずの
実を加える。

ピクルス液

—

白ワインヴィネガー 500cc、白ワイン 1 ℓ、塩
35g、グラニュー糖 80g、ハーブとスパイス（黒
粒胡椒、コリアンダーシード、スターアニス、クミンシード、
フェンネルシード、タイム、ローリエ、ディル）各適量を
合わせて沸かす。

＊ 漬ける素材によって、塩、グラニュー糖、ハーブは加
減する。

イカ墨ソース

—

1 … 鍋にオリーブオイルを熱し、潰したにんに
くを炒める。香りが立ったらミルポワ（人参、玉
ねぎ、セロリ）を加え、しんなりするまで炒める。

2 … 1 にイカの足とエビ（アシアカエビなど）の頭
と殻を加え、ヘラでつぶしながらさらに炒める。
全体がなじんだらトマトソースと水を注ぎ、沸
かす。

3 … 2 にイカ墨を加え、アクを引きながら 30
分ほど煮込む。塩で味をととのえ、漉す。

ラヴィオリの生地

—

1 … ボウルにセモリナ粉（ムリーノ・マリーノ社製）
200g、00 粉 300g、卵黄 15 個分を入れて混
ぜ合わせる。途中、少量の水を加えて全体
をなじませる。

2 … ひとまとまりになったら真空パックにして一
晩ねかせる。

3 … 厚さ 0.5mm ほどにマシンでのばす。

新じゃが芋のピュレ／
ヴィンテージポテトのピュレ

—

ゆでて皮をむいた新じゃが芋（またはヴィンテージ
ポテト）400g に対して卵白 80g、薄力粉 80g、
バター 20g、塩を加えミキサーで攪拌する。

オリーブのタルトレット／オリーブの生地

—

1 … オリーブの生地を作る。カソナード 150g、
小麦粉 150g、アーモンドパウダー 150g 、バ

ター150g、黒オリーブ（乾燥）150gをフード・プロセッサーで攪拌する。

2…1の生地をテフロンシートに置き、ラップをかぶせて麺棒で薄くのばし、丸くくり抜いて冷凍する。

3…2を取り出して直径3cmのタルトレット型に敷く。同じタルトレット型をのせて空焼きする。

ティラミス
（30cm×20cmの容器一台分）

● マスカルポーネクリーム

1…ボウルに卵黄5個分とグラニュー糖30gを入れ、湯煎にかけてすり混ぜる。

2…別のボウルにマスカルポーネ250gを入れ、1を加え混ぜる。

3…生クリーム150ccを七分立てにして、2に加え混ぜる。

4…鍋にマルサラ40ccとエスプレッソリキュール40ccを入れて温める。水（分量外）でもどした板ゼラチン2枚を加えて溶かす。3に加え混ぜる。

5…メレンゲを作る。卵白120gにグラニュー糖40gを加え、泡立てる。つやが出てきたらグラニュー糖40gを追加し、硬めのメレンゲを立てる。3に加え混ぜる。

● 仕上げ

1…厚さ1cmに切ったジェノワーズ生地（解説省略）を容器に敷き、エスプレッソを打ってしみ込ませる。

2…1にマスカルポーネクリームの半量を流し、厚さ5mmに切ったジェノワーズ生地をのせる。エスプレッソを打つ。

3…残りのマスカルポーネクリームを流し、冷蔵庫で冷やす。

4…提供前に茶漉しでカカオパウダーをふる。

猪のテリーヌ
猪の脳みそのムース

● 猪の下処理

1…猪（生後2年未満の小型の猪）の頭（皮をはいだもの）に残った毛を抜く。

2…猪のスープ*1と1と適宜に切った生姜（皮付き）を入れ、頭が柔らかくなるまで2時間ほど煮る。

3…2の猪の頭を取り出し、骨を外す。肉と脳みそを取りおく。煮汁は卵白で澄ませてから取りおく。

● 猪のテリーヌ

1…下処理した猪の頭の肉をほぐす。それぞれみじん切りにしたパセリ、セージ、にんにくを混ぜ込み、テリーヌ型に詰める。

2…1に煮汁を注ぎ、冷蔵庫で冷やし固める。

● 脳みそのムース

1…下処理した猪の脳みそを裏漉しする。

2…1にナツメグ、ガーリックパウダー、塩を加えてミキサーで攪拌する。

● 仕上げ

1…猪のテリーヌを薄切りにして皿に盛り、みかんの葉をのせる。青みかんのペースト*2を添える。

2…パン・ド・カンパーニュを薄切りにしてトーストし、脳みそのムースをぬる。ナプキンにのせて別皿に盛る。

*1 猪のスープ　猪のガラとミルポワを炒め、水を加えて煮出す。漉して塩で味をととのえたもの。
*2 青みかんのペースト　青みかん（皮付き）とピーマンをミキサーで攪拌し、アガーでとろみをつけたもの。

小林寛司 Kanji Kobayashi

—

1973年和歌山県岩出市生まれ。兼業農家の長男。田畑を手伝い、あぜ
道をかけ回って遊ぶ幼少期をすごす。大阪のイタリア料理店に勤務後、2004
年に渡伊。各地を巡る中で、人々の食に対する考え方と情熱に忘れられな
いほど感動し、帰国。1998年、生まれ育った岩出市に「リストランテ アイー
ダ」を開業。2007年客室を増築し、「ヴィラ アイーダ」と改名。マダムの有
巳さんとともに農園レストランの可能性を提案しつつ、さまざまな土地を訪ね、
人に接し、その経験を料理に反映している。

villa aïda

—

〒649-6231 和歌山県岩出市川尻71-5
villa-aida.jp

villa aida
自然から発想する料理

初版印刷　2019年7月1日
初版発行　2019年7月15日

著者◎｜小林寛司
発行者｜丸山兼一
発行所｜株式会社柴田書店
〒113-8477　東京都文京区湯島3-26-9 イヤサカビル
電話　営業部：03-5816-8282（注文・問合せ）書籍編集部：03-5816-8260
http://www.shibatashoten.co.jp
印刷・製本｜図書印刷株式会社

ISBN 978-4-388-06305-5
Printed in Japan